教师素养系列

著名语文教育家 于漪 总主编

谭轶斌

王 林／著

教师语言修养的涵育

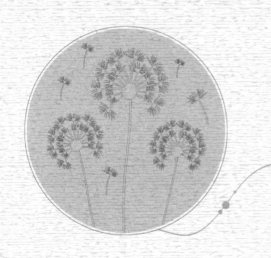

习于智长，优与心成

今天做教师最需要具备的基本素养

JIAOSHI YUYAN XIUYANG DE HANYU

东北师范大学出版社

NORTHEAST NORMAL UNIVERSITY PRESS

·长 春·

图书在版编目（ＣＩＰ）数据

教师语言修养的涵育/谭轶斌，王林著. —长春：东
北师范大学出版社，2020.7
　ISBN 978 - 7 - 5681 - 7047 - 5

　Ⅰ.①教⋯　Ⅱ.①谭⋯　②王⋯　Ⅲ.①教师—语言艺
术　Ⅳ.①G42

中国版本图书馆 CIP 数据核字(2020)第 136372 号

□责任编辑：苏晓军　□封面设计：方　圆
□责任校对：田正国　□责任印制：许　冰

东北师范大学出版社出版发行
长春净月经济开发区金宝街 118 号（邮政编码：130117）
电话：0431－84568105
传真：0431－85691969
网址：http：//www.nenup.com
电子函件：sdcbs@mail.jl.cn
东北师范大学音像出版社制版
辽宁新华印务有限公司印装
沈阳市张士经济技术开发区
中央大街六号路 14 甲－3 号（邮政编码：110021）
2020 年 7 月第 1 版　2020 年 7 月第 2 次印刷
幅面尺寸：169mm×239 mm　印张：12.75　字数：178 千

定价：73.00 元

序

　　教师从事的是塑造灵魂、塑造生命、塑造人的工作，其艰巨性与复杂性，难以用语言表述完备。

　　青少年是一个个鲜活的生命，他们的生命基因、家庭情况、情智水平、兴趣爱好、行为习惯等等，各不相同，各具个性，教师要进入他们的世界，了解、熟悉、摸清他们的内在需求，绝非一日之功。而且，他们天天在发展，天天在变化，有的平稳向前，有的起起伏伏，有的突然拐弯转向。教师不把心贴在他们身上，就不能洞悉他们的变化，当然也就谈不上因事而教，助推成长。当今，社会上的价值多元、文化多样，信息工具普及，学生生活在这样的时代大潮中，思想、行为、性格、爱好、追求等，无不打上时代的印记。教书育人工作中的新情况、新问题层出不穷，如何应对，如何破解难题，是每位教师都要面对的。因此，每位教师都须攻坚克难，用勤奋与智慧提升教育质量。为此，教师自己的成长，教师队伍的建设就成为教育的重中之重。

　　教师是培育学生成长、成人、成才的人，首先自己应该是一个堂堂正正、光明磊落、有社会担当的人，以自己高尚的人格、高雅的情操熏陶感染学生，引导他们形成完善的人格和健康的审美情趣，以扎实的科学文化学养激发他们旺盛的求知欲，引领他们打下科学文化基础，并有向科学宝库、文化宝库积极探索的强烈兴趣。故而，古今中外对教师几乎都有共同的要求，那就是：德才兼备。教师要做"谦谦君子""人之榜样"，要"腹有诗书气自华"，有厚实的学术文化功底。然而，在当今时代，还得有新的要求。《国家中长期教育改革和发展规划纲要（2010—2020年）》中关于教师队伍建设的要求是：建设一支师德高尚、业务精湛、结构合理、充满活力的高素质专业化的队伍。显然，"结构合理"是教育行政部门须考虑的，而"充满活力"却是教师须探索并加以落实的。这是时代的要求，在从事教育教学工作中须强化创新意识，发挥创新精神，锤炼实践能力，精神饱满，气宇轩昂，满怀自信去创建优质教育。

　　直面教育现场，教师加强研修、自觉成长自然就成为应有之义。人的成长是一辈子的事，学历水平不等于岗位水平，因为教育不是一个结果，而是生命展开的过程，永远面向未来。在当前社会急速变化的情势下，要想挑起立德育人的刚性责任，创造教育教学的精彩，教师就须自觉地与学生一起成长。

　　成长有众多因素，与同行交流是其中有效途径之一。现场倾听交流是一种方法，阅读同行的文字表达也是一种方法。东北师范大学出版社组织撰写的《教师素养系列丛书》就是针对教师素养的几个方面从理论与实践结合的高度进行探讨、交流的，以期心灵感应，取得更多共识。

　　祝愿教师同行通过阅读交流，有所启迪与借鉴，走向优秀、走向卓越的步伐更扎实，更敏捷。

于　漪

目　　录

第一章　故事篇——色彩缤纷的教学语言 ……………………………… 1

一、启人心智的开场 ……………………………………………………… 3

　　（一）"我梦见你们中有人证明了哥德巴赫猜想" ……………… 3

　　（二）妙语话"文章" …………………………………………………… 4

　　（三）舍罕王赏麦与等比级数求和 ………………………………… 5

　　（四）妙语化僵局 ……………………………………………………… 6

二、除疑解惑的阐释 ……………………………………………………… 7

　　（一）如"说书"般的演讲 …………………………………………… 7

　　（二）三教师释"破釜沉舟" ………………………………………… 8

　　（三）充满诗意和想象的阐释 ……………………………………… 10

三、机智灵动的应变 ……………………………………………………… 11

　　（一）巧补"爱"字 …………………………………………………… 11

　　（二）"美女蛇"和"美男蛇" ……………………………………… 11

　　（三）漫画事件 ………………………………………………………… 12

　　（四）班会课上的演说 ……………………………………………… 12

四、钩沉点睛的总结 ……………………………………………………… 14

　　（一）真情告白，诗意延伸 ………………………………………… 14

　　（二）激趣激情的结尾 ……………………………………………… 15

五、润物无声的交流 ……………………………………………………… 16

　　（一）巧用扑克化尴尬 ……………………………………………… 16

（二）巧借表扬化解矛盾 ……………………………………… 17

（三）用真挚的话语打动后进生 ………………………………… 18

第二章　理论篇——生机盎然的语言理论 …………………………… 21

一、语言是人类交际的重要媒介 ……………………………… 23

（一）语言和水一样不可或缺 ………………………………… 23

（二）语言表达应服从交际目的 ……………………………… 24

（三）语言是人类赖以立身处世的根本 ……………………… 25

二、语言与思维同存共进 ……………………………………… 26

（一）语言与思维密不可分 …………………………………… 26

（二）语言使用与思维方式形成紧密相关 …………………… 28

三、语言是人类文化与世界观的直接反映 …………………… 29

（一）"语言与文化是一张皮" ……………………………… 29

（二）"语言是存在之家" …………………………………… 30

（三）"语言是思想的直接现实" …………………………… 31

四、教师语言修养的提升是当务之急 ………………………… 32

（一）教学语言制约教学效率 ………………………………… 32

（二）新时期教师的职业手段仍是语言 ……………………… 33

（三）教师语言修养的提升是推进新课改的保障之一 ……… 34

第三章　实践篇——用语言打动学生的心弦 ………………………… 35

一、教学语言的特征 …………………………………………… 37

（一）教育性 …………………………………………………… 37

（二）科学性 …………………………………………………… 39

（三）简洁性 …………………………………………………… 40

（四）生动性 …………………………………………………… 42

（五）情感性 …………………………………………………… 46

二、教学语言的语体 …………………………………………… 48

（一）导入语 ……………………………………… 49
　　1. 导入语的作用 ………………………………… 49
　　2. 导入语的设计 ………………………………… 53
（二）讲授语 ……………………………………… 56
　　1. 讲授语的作用 ………………………………… 56
　　2. 讲授语的设计 ………………………………… 57
（三）提问语 ……………………………………… 61
　　1. 提问语的作用 ………………………………… 61
　　2. 提问语的设计 ………………………………… 62
（四）评价语 ……………………………………… 66
　　1. 评价语的作用 ………………………………… 66
　　2. 评价语的设计 ………………………………… 67
（五）结束语 ……………………………………… 70
　　1. 结束语的作用 ………………………………… 70
　　2. 结束语的设计 ………………………………… 71
三、教学语言的风格 ……………………………… 74
（一）教学语言风格的形态 ……………………… 75
　　1. 简洁与酣畅 …………………………………… 75
　　2. 朴实与华丽 …………………………………… 78
　　3. 直率与含蓄 …………………………………… 79
　　4. 庄重与诙谐 …………………………………… 81
（二）教学语言风格的类型 ……………………… 82
　　1. 质朴型 ………………………………………… 83
　　2. 优美型 ………………………………………… 85
　　3. 理趣型 ………………………………………… 86
　　4. 华彩型 ………………………………………… 87
四、语言技巧 ……………………………………… 89
（一）语　调 ……………………………………… 89

　　　　1. 语调的类型 ·· 90

　　　　2. 语调的运用 ·· 91

　　（二）重　音 ·· 95

　　　　1. 重音的类型 ·· 96

　　　　2. 重音的运用 ··· 101

　　（三）停　顿 ··· 102

　　　　1. 停顿的类型 ··· 102

　　　　2. 停顿的作用 ··· 104

　　（四）节　奏 ··· 106

　　（五）语　速 ··· 109

　　（六）音　量 ··· 113

　　（七）语　音 ··· 115

五、体态语言 ··· 116

　　（一）表情语言 ··· 118

　　（二）手势语言 ··· 122

　　（三）身姿语言 ··· 123

　　（四）距离语言 ··· 124

　　（五）服饰语言 ··· 126

六、教育用语 ··· 127

　　（一）教育用语的特点 ··· 128

　　　　1. 针对性 ··· 128

　　　　2. 诱导性 ··· 129

　　　　3. 说理性 ··· 131

　　　　4. 感染性 ··· 133

　　（二）教育用语的要求 ··· 134

　　　　1. 言之有物 ·· 134

　　　　2. 蕴藏激励 ·· 135

　　　　3. 言之成理 ·· 136

　　　4. 言简意赅 ………………………………… 136

　　　5. 言为心声 ………………………………… 137

　　　6. 体现尊重 ………………………………… 138

　　（三）常用教育用语 ………………………… 139

　　　1. 说服语 …………………………………… 139

　　　2. 激励语 …………………………………… 141

　　　3. 表扬语 …………………………………… 143

　　　4. 批评语 …………………………………… 145

七、教师其他工作语言 ………………………… 146

　（一）家访谈话 ……………………………… 147

　（二）工作交谈 ……………………………… 149

　（三）会议发言 ……………………………… 152

　（四）专题演说 ……………………………… 154

　（五）主持活动 ……………………………… 155

八、教师忌语与语言伦理 ……………………… 157

　（一）教师忌语 ……………………………… 157

　　　1. 挖苦式 …………………………………… 158

　　　2. 记账式 …………………………………… 159

　　　3. 威胁式 …………………………………… 159

　　　4. 定论式 …………………………………… 160

　　　5. 挑拨式 …………………………………… 160

　　　6. 驱逐式 …………………………………… 161

　　　7. 罢课式 …………………………………… 161

　　　8. 居高式 …………………………………… 161

　　　9. 粗话式 …………………………………… 162

　　　10. 吹嘘式 ………………………………… 162

　（二）语言伦理 ……………………………… 163

第四章　修炼篇——成功并不神秘 ···················· 169

一、提高文化修养 ······························· 171

　　（一）提高传统文化修养 ····················· 174

　　（二）提高现代科学文化修养 ················· 176

　　（三）了解中外文化差异 ····················· 179

二、提高思维品质 ······························· 181

　　（一）提高思维的条理性 ····················· 183

　　（二）提高思维的开阔性 ····················· 185

　　（三）提高思维的敏捷性 ····················· 187

三、提高心理素质 ······························· 188

　　（一）克服心理障碍 ························· 188

　　（二）训练心理素质 ························· 190

　　　　1. 生理法 ····························· 191

　　　　2. 照镜法 ····························· 192

　　　　3. 话题法 ····························· 192

　　　　4. 觑视法 ····························· 192

　　　　5. 比较法 ····························· 193

第一章

故事篇——色彩缤纷的教学语言

一、启人心智的开场

（一）"我梦见你们中有人证明了哥德巴赫猜想"

一个阳光明媚的上午，陈景润就读的学校迎来了知名度颇高的沈元教授。沈元教授神采奕奕地站在讲台前，用目光扫视了一下全场后娓娓道来：

明清以后，中国落后了，然而中国人对于数学好像是特具禀赋的。中国应当出大数学家，中国会出大数学家！

1742年，哥德巴赫发现每一个大偶数都可以写成两个素数的和。他对许多偶数进行了检验，都说明这是正确的。但是这需要给以证明。因为尚未经过证明，只能称之为猜想。他自己却不能证明它，就写信请教那赫赫有名的大数学家欧拉，请他来帮忙证明它。一直到死，欧拉也不能证明它。从此，这成了一道难题，吸引了成千上万数学家的注意。两百多年来，多少数学家企图给这个猜想做出证明，都没有成功。

自然科学的皇后是数学，数学的皇冠是数论，哥德巴赫的猜想便是皇冠的明珠。

你们都知道偶数和奇数，也都知道素数和合数。我们从小学三年级就教这些了。这不是最容易的吗？不，这道难题是最难的呢。这道题很难很难，要是谁能够证明出来，不得了，那可是不得了啊！

"真的，昨天晚上我还做了一个梦呢。梦见你们中间有一个同学，他不得了，他证明了哥德巴赫猜想！"[1]

此时此刻，坐在台下的陈景润已是热血沸腾，沈教授的这一席话，在他年轻的心灵中扬起了风帆。他在心里暗暗发誓：我要摘下这颗皇冠上的明珠，我要证明哥德巴赫猜想！

---

[1] 徐迟.哥德巴赫猜想［M］.呼和浩特：内蒙古出版社，1985.

他做到了！他成功了！他回忆起当年沈教授的那番话，他知道教授可能并未真的做过那个梦，但沈教授的话语使他产生了狂热的梦想，并为之不懈追求。

教师富有鼓动性的语言，能刺激学生的思维，打开学生的思路，让学生产生广泛的联想和想象，激发学生潜在的渴望知识的欲望。富有诱导性的开场白，犹如一粒粒燧石，在学生的头脑中引起碰撞，并激起耀眼的思想火花。沈元教授的这段开场白，鼓舞了坐在台下的陈景润，帮他树立了奋斗目标和努力方向，使他日后取得了举世瞩目的成就。

（二）妙语话"文章"

在作文教学中，学生总是不愿意修改自己的文章，他们认识不到修改文章的重要意义，甚至认为，大凡一气呵成的，不用改就是好文章。有位语文老师为了鼓励学生认真修改自己的作文，在写作教学指导课中设计了下面一段导语：

同学们，大家常常写文章，可什么叫文章呢？旧版《辞海》上说："绘图之事，青与赤谓之文，赤与白谓文章。"人的脸皮有青有赤也有白，可见，每个人的脸皮就是一篇天生的文章。（笑声）古今中外，许多女同胞都是非常讲究修改"文章"的。（大笑）你看吧，她们每天晨起梳妆，对着镜子，用奥琪增白蜜反复"揣摩"（涂抹），再用高级胭脂、唇膏精心"润色"（大笑），还要用特别的眉笔仔细地修改"眉题"。甚至连标点符号也毫不含糊——非要用手术刀将"单括号"（单眼皮）改为"双括号"（双眼皮）不可！（笑声、掌声）你们看，这是何等严肃认真、高度负责的态度呀？我们每个人都有自己的文章。要使自己的"文章"出类拔萃，成为"真由美"（真优美），不在"修"上下番苦功夫行吗？（笑声）何其芳同志说："修改是写作的一个重要部分"。由此看来，这真是一条至理名言。[1]

写作本是一个严肃的话题，学生对自己写的文章缺少修改的兴味，而这位语文老师却能够化严肃为轻松，把作文修改比作女性的梳妆打扮，生动幽默，充满情趣。巧妙的比喻，让学生从生活现象中明白了写作的道理，其教学效果比直白的说教要好得多。

（三）舍罕王赏麦与等比级数求和

有位数学老师在讲"等比级数求和"问题之前，首先讲了一段"舍罕王赏麦"的故事：

传说，印度的舍罕王要重赏 64 格国际象棋的发明人、宰相西萨·班·达依尔。他问西萨想得到什么奖赏，这位聪明的大臣胃口看来并不大，说："我想要点麦子。您就在这棋盘的第一格赏我一粒麦子，第二格赏两粒，第三格赏四粒……照这样下去，每一个小格内都比前一小格加一倍。陛下啊，把这样摆满棋盘上所有 64 格的麦粒都赏给您的仆人我吧！"国王一听，认为这区区赏金，微不足道，于是满口答应道："你的要求太低了。"

讲到这里，教师转而问学生："同学们，你们说，这个要求真是太低了吗？"这一问，课堂上顿时活跃起来，同学们思索着，议论着。这时，老师在黑板上写出了 18 446 744 073 079 551 615 一串数字。全班学生都睁大眼睛看着黑板。老师解释说："这就是西萨要求得到的麦粒总和。这些麦粒若以重量计算，约为 5270 亿公斤，竟是全世界两千年内生产的全部小麦。"听到这里，同学们兴趣盎然。

这时，教师趁势导入新课："国王为什么吃亏？这样大的数字怎样才能迅速算出？这是一个'等比级数求和'的问题……"

---

[1] 郭启明. 教师语言艺术 [M]. 北京：语文出版社，1992.

这位老师通过一个饶有趣味的故事作为新课导语，引起学生学习新知识的兴趣，调动他们学习的积极性。相信，出乎意料的结局，和教学内容一致的故事，再加上老师生动的讲述，一定会在学生头脑中留下深刻印象。

（四）妙语化僵局

王老师接任了一个班级纪律较差的班。第一天上课，有个学生要给新老师一个下马威，在黑板上写道："王某某，请回去！"王老师走上讲台，微笑着说："感谢大家对我的尊敬！我刚来，你们就把我的大名登到黑板的头版头条了。其实，我没那么伟大，更没必要劳各位的大驾把我请回去。我上完这节课，如果你们认为我不称职，我自动下台。"

上课铃声响了，这一节恰好是王老师的物理课。这堂课教电流："每秒钟通过导体任一横截面的电量叫作电流。"电流看不见摸不着，太抽象了。好在有计算公式：$I = Q/t$，其中 I 表示电流，Q 表示电量，t 表示时间。有的同学很快掌握了，可还有一部分同学总是搞错这三个物理量之间的关系。

"丘比特，你们知道吗？"王老师这一问，教室里顿时炸开了锅。

"爱神，小爱神。"男同学忍不住叫了出来。

"对，爱神（I）是（＝）丘（Q）比（—，分数线）特（t）。"王老师在讲台前边比画边说。同学们在下面窃窃暗笑。

可正是在这笑声中，这牛头不对马嘴的乱点鸳鸯，让每个同学掌握了电流的计算方法。

第二天，当王老师出现在教室时，看到黑板上写着："欢迎您，我们的第四任'大总统'——王老师。"

我们可以看出，王老师是一位非常机智的老师。看到学生不礼貌的举动，他没有采取简单粗暴的训斥，更没有向校长告状，而是通过自己的智慧巧妙地化解眼前的尴尬局面，并进而通过幽默有趣的讲解，赢得了同学们的喜爱与信任。试想，如果王老师在课堂上大发雷霆，揪出写这句话的学生，然后再劈头盖脸地批评，那么，学生会怎样进一步对待他？师生关系将对立到何种地步?

二、除疑解惑的阐释

(一)如"说书"般的演讲

戊戌政变的主角——梁启超先生晚年不谈政治，专心学术。有一次他在清华作《中国韵文里表现的情感》的演讲，这篇讲稿后来收在《饮冰室文集》里。讲演整整齐齐地写在宽大的宣纸稿纸上，字迹非常秀丽、美观。但是读他这篇文章和听他这篇讲演，那趣味相差很多，就犹如读剧本与看戏一般迥然不同。而梁实秋先生很幸运地听到这一篇动人的演讲，他无法忘怀当时的情景。[1]

"在一个风和日丽的下午，高等科楼上大教堂里坐满了听众，随后走进了一位短小精悍秃头顶宽下巴的人物，穿着肥大的长袍，步履稳健，风神潇洒，左右顾盼，光芒四射，这就是梁任公先生。

他走上讲台，打开他的讲稿，眼光向下面一扫，然后是他的极简短的开场白，一共只有两句，头一句是：'启超没有什么学问——，'眼睛向上一翻，轻轻点一下头：'可是也有一点喽！'这样谦逊同时又这样自负的话是很难得听到的。他的广东官话是很够标准的，距离国语甚远，但是他的声音沉着而有力，有时又是洪亮而激昂，所以我们还是能听懂他的每一字，我们甚至想如果他说标准国语其效果可能反要差一些。

我记得他开头讲一首古诗，箜篌引：

公无渡河。

公竟渡河！

---

[1]　梁实秋. 梁实秋怀人丛录 [M]. 北京：中国广播电视出版社，1991.

渡河而死，

其奈公何！

这四句十六字，经他一朗诵，再经他一解释，活画出一出悲剧，其中有起承转合，有情节，有背景，有人物，有情感。我在听先生这篇讲演后约二十余年，偶然获得机缘在茅津渡候船渡河。但见黄沙弥漫，黄流滚滚，景象苍茫，不禁哀从中来，顿时忆起先生讲的这首古诗。

先生博闻强记，在笔写的讲稿之外，随时引证许多作品，大部分他都能背诵得出。有时候，他背诵到酣畅处，忽然记不起下文，他便用手指敲打他的秃头，敲几下之后，记忆力便又畅通，成本大套地背诵下去了。他敲头的时候，我们屏息以待，他记起来的时候，我们也跟着他欢喜。

先生的讲演，到紧张处，便成为表演。他真是手之舞、足之蹈，有时掩面，有时顿足，有时狂笑，有时叹息。听他讲到他最喜爱的'桃花扇'，讲到'高皇帝，在九天，不管……'那一段，他悲从中来，竟痛哭流涕而不能自已。他掏出手巾拭泪，听讲的人不知有几多也泪下沾巾了！又听他讲杜氏讲到'剑外忽传收蓟北，初闻涕泪满衣裳……'先生又真是于涕泗交流之中张口大笑了。

听过这讲演的人，除了当时所受的感动之外，不少人从此对于中国文学产生了强烈的兴趣。"

梁启超先生的演讲，与张岱笔下的"柳敬亭说书"相比，真是有过之而无不及。很多人因此迷恋上文学，也就不足为奇了。

（二）三教师释"破釜沉舟"

语文课上如何讲授"破釜沉舟"这个成语，想必教师们是八仙过海，各显神通。著名语言学家张志公先生曾在文中举过例子。[1]

---

[1] 宋其蕤，冯显灿.教学言语学［M］.广州：广东教育出版社，1999.

有一位教师大致是这样讲的：

"'破釜沉舟'表示坚决的意思。做事一定要坚决。无论做什么，只要是正当的，应该做的事，就必须抱定只许前进，不许后退，只许胜利，不许失败的决心。只有这样才能得到成功。如果前怕狼后怕虎，工作还没开始就准备了失败的退路，那样一定不会成功，碰到一点困难就向后转了。当然，前进的目的必须正确。在这一点上，古人不能跟我们相提并论。由于时代的局限，古人，尤其是封建统治阶级的人，做事的目的在今天看来很多是成问题的，下定决心做好事是应当的，如果坚决做坏事，那就不应当了。"

有一位教师是另一种讲法：

"'釜'就是锅，'舟'就是船。'破'和'沉'都是动词。'破釜'就是'使釜破'的意思，也就是把锅砸碎；'沉舟'是'使舟沉'的意思，也就是把船凿沉。这样用法的动词叫作'使动词'。同是做饭的家具，古代叫'釜'，现代叫'锅'；同是水上运输工具，古代叫'舟'，现代叫'船'；这是古今词汇的演变。像古代叫'冠'，现代叫'帽子'，古代叫'履'，现代叫'鞋'，都是这种情形。曹植《七步诗》里有'豆在釜中泣'的句子，柳宗元《江雪》里有'孤舟蓑笠翁'的句子，这里的'釜'和'舟'跟'破釜沉舟'里的'釜'和'舟'意思相同。"

另一位教师讲得比较简单，话说得比较少。他这样讲：

"项羽渡河进攻秦国的军队，渡河后，把造饭的锅砸碎，把船凿沉，断了自己的退路，以示有进无退的决心，终于把秦军打败了。后来大家就用'破釜沉舟'这个成语表示下定最大的决心，不顾任何牺牲的意思。"

哪位教师讲得精彩呢？相信每个人的心中必有答案。语言学家张志公先生的意见是：第一位教师只单纯地讲道理，强调其教育性；第二位教师则是单纯授知识，忽视了它的思想意义，因此两者都有片面性。第三种讲法较好，教学语言简洁，既讲清了成语的知识，又突出了思想性。

（三）充满诗意和想象的阐释

一位老师在讲《前赤壁赋》时，对第二小节"桂棹兮兰桨，击空明兮溯流光。渺渺兮予怀，望美人兮天一方"一诗作了如下的阐释[1]：

"流光"指江面上闪烁荡滚的月光，不就是"月出皎兮"么？"美人"即心上漂亮的人儿，不正是"佼人僚兮，舒窈纠兮"么？"渺渺兮予怀"表现冷风怅惘、思绪黯然，不就是"劳心悄兮"么？但这歌词与单纯的民间情歌有所不同，这里的"美人"代表一种理想的追求，表现的是政治的感慨。悲从何处来，来自作者遭受贬职后的苦闷，看到江水之阔，面对宇宙之大，难免产生知音何处之感，而发出天各一方之叹，在游赏之"乐"中，已包含淡淡的哀愁了，这"乐"本就属于苦中作乐，借山水而暂时排遣其内心的郁闷。所以从"望美人兮天一方"的失望心情中进一步引出忧患整个人生的哀思来。这是由乐到悲的第一层心境。

在这位老师的这段阐释性语言中，他运用定义法紧扣课文，从两个方面展开：首先抓住"美人"这个意象，解释它原是歌，表达追求不到心上人的怅惘之情；然后再解苏轼眼中的"美人"，联系时代背景阐释了苏轼当时真实的内心世界。诗歌的描写性言语，具有意义空白和意义未定性，为学生的想象、创造留下了广阔的空间，虽然这给正确理解诗歌的内容带来一定的难度，但也是培养学生形象思维能力的契机。这时，如果教师不给学生做出准确的阐释，学生的理解就会停留在一个浅层次的水平上。所以，这位老师的阐释，对诗歌进行了深度的开掘，有画龙点睛之妙，使学生由不懂到懂，由不知到知，进而更好地领悟了课文内容和主题。

---

[1] 徐焕栋. 课堂教学阐述性言语有效性的案例分析 [J]. 语文学刊，2011（2）：159-160.

三、机智灵动的应变

（一）巧补"爱"字

有位教师在执教《别了，我爱的中国》一文的公开课。因听课者很多，他较为紧张，在板书课题时漏掉了"爱"字。当学习完课文第一自然段回扣课题时，他才发现自己之前板书时漏掉了"题眼"。

此时，这位老师并没有紧张。他边讲课文，边镇静地用红笔在书写的课题旁，写上一个格外大的"爱"字，再添到题目中。醒目的大字，突出了课文主旨。巧妙的补救，收到了出乎预料的歪打正着的效果。

智者千虑，必有一失。教师在日常课堂教学中出现某些失误不足为怪，关键在出现失误后能巧补，不致造成课堂损失。巧补失误是坦诚相见，拙中见巧，真错实补，以真实的手段和扎实的知识迅速弥补疏漏、匡正谬误。

（二）"美女蛇"和"美男蛇"

有位年轻女教师教鲁迅的《从百草园到三味书屋》一课。当她讲到"美女蛇"的时候，一个男生突然举手发问："老师，世上有没有美男蛇？"说完，还得意地看了看同学们。教室里顿时响起哄堂的大笑声。

这位女教师并没有发怒并训斥他，而是沉思片刻，等教室里平静之后说："这个同学天真好奇，问得有趣，但他问的思路不对。照此下去，可以问：有没有丑女蛇和丑男蛇？要知道，作者的思路是在'美女'和'蛇'的对比上，'美女'是指她迷人的外表，'蛇'是其害人的本质，'美女蛇'比喻披着画皮的坏人……"教室里一片安静，同学们的注意力又重新回到了课文上。

可以说，这是一位很有经验的教师。她没有因为学生的哄笑而影响自己的情绪，更没有因为那位男生的提问对自己不尊重而产生反感，而是因势利导，从现象到本质，引导学生思考，把学生的思路拉回到正轨。这样的处理十分得体，既稳定了课堂教学秩序，又指导学生理解了"美女蛇"的寓意，体现了机敏而灵活的教学艺术。

（三）漫画事件

一位年轻教师接了一个新班级。开学第二天，他去上课。还未走进教室，他就听见教室里面乱哄哄的。走进教室，他发现黑板上画了一幅猪八戒的漫画，旁边还有一行字："不准擦掉"。

年轻的老师心里清楚地知道学生是在画自己，但他依然冷静地说：画画的同学很有想象力，画也切合人物的个性特点。做教师的，一靠嘴，传授知识；二靠耳朵，倾听同学们的真知灼见；三靠眼睛，观察学生心灵的秘密。所以这幅画的作者，把这三种器官画得都挺大的。我建议课余时间，这位同学多向美术老师请教，相信他一定会取得更大进步。这一节是语文课，不是美术课，是不是先擦掉上课？说完，他拿起黑板擦擦掉了漫画。这时，教室里重又回归了宁静。

这位老师的语言和行为，不仅教育了学生，而且平息了一场风波，巧妙地从突发事件转入了正常的教学轨道。假如这位老师不冷静，没有理智地控制自己，而是大发雷霆，对学生训斥一番，势必影响正常的教学，并在上任之初就和同学们结下矛盾。

（四）班会课上的演说

班会课的铃声响了，班主任老师走进教室。她准备按照学校的安排，开展人生规划主题讨论。她环视了一下教室，发现同学们一个个情绪低落，神情萎靡，个个耷拉着脑袋。她忽然明白，在前不久的一次考试中，全班都摔了个大跟头。

于是，她临时改变主意，清了清了嗓子，说了下面这些话：

　　"不知同学们是否看过前不久《实话实说》推出的一期特别节目——《感受坚强》。那期节目的主角是一个刚刚跨过人生 17 岁门槛的中学生，名叫张穆然。身患癌症的张穆然住进医院一年来，共做了 3 次大手术，10 多次化疗。每次手术后，都拒绝用麻药止痛，她说她要记住这每一分钟的痛，因为痛苦和快乐都是她生命的体验。如今，张穆然同学已离我们而去。在感到她生命消失的同时，我也意识到了生命的永恒。

　　我想起了莫里教授和他的《相约星期二》。莫里患的是脊髓硬化的不治之症。这种病症正如一支点燃的蜡烛，不断熔化着他的神经，使他的躯体逐步变成一堆蜡。从小腿到大腿到躯干……最后，莫里只能靠插在喉部的一根管子呼吸，而神志却始终保持着清醒，这是多么残酷的清醒啊！但是在莫里看来，这一切不过是他生命中最后一段奇特的存在方式而已，他决不让自己的最后人生也随之'蜡化'。他不甘枯竭而死，他要去勇敢地面对死亡，面对现实。

　　可能，有的同学心里在纳闷：老师，我们只处在十六岁的花季，你跟我们谈生命与死亡是不是太沉重太残酷了？但你是否意识到，生命飘然而去的张穆然，还有那讲着人生课程走向不朽的莫里教授，却实实在在地向我们演绎着生命的脆弱与坚韧。当我们的生命相对宁静的时候，我们是很少会思考这些问题的，但这正是我们在日常生活中应该思考也必须思考的。我们当然没有遭遇像他们那样的不幸，但我们是否应该像他们一样，珍视每一分钟的人生呢？是否应该像他们一样，在你的花季岁月，勇敢地去面对学习上的挫折呢？

　　两个多月前，你以优异的成绩、饱满的信心、豪迈的步伐，满脸带笑地踏进了这所市重点高中的校门，因为你是原来所在学校的佼佼者，因为你在中考中赢得了胜利。可是现在，你愁眉苦脸，你提不起精神，你像霜打的茄子似的，你低着头说：'舞台是属于别人的，我只有看的份了，我已经丧失了表现的勇气。'这一切，只是因为你成绩不理想。确实，在你高中的学习生涯中，这大概算得上是一次挫折吧！可是，比起那个瘦瘦弱弱的张穆然，比起那个颤颤巍巍的莫里教授，你的表现简直让我心痛！

请问，你看到过珍珠的形成吗？珍珠母是忍受了沙粒刺入肌肤的痛苦，使自身的珍珠质一层一层地包裹沙粒，最后才形成了饱满丰润的珍珠。面对挫折是痛苦的，但人就是在痛苦中逐渐成长的。你该记住，这世界只有一个，你悲观地看待便暗无天日，你乐观地看待便凡事有希望了。挫折并不可怕，可怕的是你的一蹶不振，是你的放任自流，是你学习上的半途而废，是你课堂上的精神萎靡。

不要埋怨自己的父母，认为他们没有遗传给你一个好脑子，认为自己天赋太差；也不要埋怨命运，认为自己机遇太差，幸运之神总不向你招手。假如一个人的成就是天生注定的，那么他还要努力干什么呢？假如一个人的才能是与生俱来的，那么人生还有什么发展可言呢？假如人的智力仅仅是大自然的产物，那么我们又怎能成为自己命运的主人呢？没有人能这么说：'他天生比我聪明。'每个人都是一座金矿，只要你肯去挖，总能挖出闪光的金子来。"

听了班主任老师的这番话，同学们低垂的头慢慢地抬了起来，他们对自己重新充满了信心。

这位老师临时改变话题，不失是一个聪明之举。她帮助同学们重新树立起了自信。假如她依然按照既定的教学方案，和学生大谈人生规划，教学效果可想而知。

四、钩沉点睛的总结

(一) 真情告白，诗意延伸

全国著名特级教师李镇西老师非常注意课堂教学结构的设计，置身于李老师的语文课堂，简直是诗意的旅程，是情感的陶冶，是美的享受，是心灵的回归。

李老师教《给女儿的信》一课时，他说了下面一段结束语：

今天咱们在这里上课，学习苏霍姆林斯基给女儿的信，说实话，我在上课时忘了我是在给你们上课。这堂课勾起了我的回忆，我过去教过的一个学生，她的孩子现在要读小学，来找我想读一所非常好的小学。当我接到她的电话时，我感慨万千！当年我给他们那批学生讲苏霍姆林斯基的时候，他们和你们一般大，一晃十几年过去了，他们成了爸爸妈妈，有了孩子，孩子都读小学了！我想，你们正在一天天长大，再过若干年，你们也会迎来自己的爱情，迎来自己的家庭，并有自己的孩子，说不定李老师还会教你们的孩子；到了那一天，李老师会从你们孩子身上看到你们的影子！大家想一想，这是不是最浪漫的事？这样的人生多么富有诗意！但是，只有真正懂爱情的人，才会拥有这样诗意的人生！

李老师的这段结束语，也是一段真情告白，他让学生在感悟课文的同时，也走进了老师坦诚的内心世界，与老师在思想感情上产生了共鸣。在和谐民主的课堂氛围中，老师的肺腑之言，真情话语，帮助学生将知识转化成智慧，将文明积淀成人格，使课堂勃发出生命的活力。

（二）激趣激情的结尾

数学张老师在执教"倍数与因数"一课。快下课时，他说：张老师给大家介绍一个数，数学家把 6 称为"完美数"。想知道为什么吗？谁能用最快的速度说一说 6 的因数？

学生回答："1、2、3、6。"

张老师说："把 6 划去，1＋2＋3＝6，又回到了 6 本身，正是因为这样的数非常特别，所以数学家把具有这样特点的数称为是完美数。数学家找到了第一个完美数，就会去找第二个完美数。猜猜看，找到了没有？今天，张老师不把答案直接告诉你们，我透露一下资料好不好？第二个完美数比 20 大，比 30 小，而且还是一个双数，好猜了吧。数学上的规律不是一下子直接说出来的，那么这样先来说一说双数：22、24、26、28，猜猜看，可能是谁？"

学生试这四个数。

老师让学生写出所有的因数，然后把自己给去掉。然后接着说："正确答案应该是22，我们一起来找一找，人们开始找第三个完美数，想知道第五个吗？"老师在黑板上书写，学生在下面发出惊叹声。

老师问："大家为什么这么惊讶？刚才找一个也花了一分多钟，要从几十亿数中找出这6个完美数，数学家们要付出多大的心血。你觉得什么力量使数学家们去不断努力？"

学生一起回答："好奇心。"

看着同学们一张张激动的脸，老师说："数学家们能透过枯燥的数学本身看到里面的东西，就像我们今天这堂课一样，数字背后蕴藏着大量丰富的规律。高斯曾经说过，要把数学比作科学的皇后，而数论是数学皇后头顶上的皇冠。我们今天研究的，只是数论中最最基本的一些小常识，换句话说，这堂课我们没有摘取数学皇后头顶上的皇冠，我们摘取的只是皇冠上一小粒一小粒的珠子。"

张老师的课堂结束语，以完美数为切入点，激发学生对数学的思考，帮助学生升华对数学的热爱之情，感悟研究数学的动力——好奇心，这对学生的影响是长远的。

五、润物无声的交流

（一）巧用扑克化尴尬

一位教师被学校安排去担任一个纪律较乱的班级的班主任。第一节课，当他走进这个班级教室时，看到的是这样一幅情景：教室的课桌椅被组成了几"摊子"，每一"摊子"的边上都有几位学生在挥舞着扑克，鏖战得难分难解，旁边还站有几个观战的人。这些学生看到新班主任进教室了，才恋恋不舍地停止游戏。教师让大家把桌椅整理完毕，冷静地站在了讲台前。此时，全班学生都神色紧张、手足无措地坐着不吱声，等待着老师那暴风骤雨般的严厉批评。可是，这位教师微笑了一下说：

"同学们，作为新来的班主任，我第一幕见到的就是你们那种学习'五十四号文件'的积极性。那么好，我现在也想和大家一起来研究一下。"

面对学生略为放松、又感到诧异的神情，教师接着问："你们知道为什么一副扑克牌要分 4 种花色、每种花色 13 张、一共 54 张？牌中有 K、Q、J 等人物形象，这些人物又代表谁呢？"

学生们的脸上产生了热切求知的表情。这时，教师就简单地介绍了扑克牌的由来、四种花色的象征、有关人物在历史上是谁等知识。此时，新班主任的渊博知识、风趣语言，已令学生们对其产生了良好印象。

教师感到教育时机已到，接着说："大家想想，小小一副扑克牌就蕴藏着这么多知识，可见，知识在任何地方都有用武之地。那么，大家是否愿意从今天起，跟着老师一起去遨游知识的海洋呢？"

回答教师的是一片热烈的掌声。

班主任和学生第一次成功的交流沟通，靠着老师的机智幽默和丰富知识完成了。

（二）巧借表扬化解矛盾

小良同学喜欢美术，但文化课成绩差。因为成绩差，所以他很自卑，也很敏感。一天下午，他正低头走路，突然听到有人在叫自己。抬起头，他看见是吴老师和同学们正看着自己，便不想走过去。这时，吴老师急了，大声叫道："别磨蹭了，过来吧！老是这么慢腾腾的，成绩怎么搞得好啊？"看到吴老师不给自己面子，小良一下子火了："我成绩差是我自己的事，关你什么事啊？你看不惯就别看啊！"听了小良这句话，吴老师意识到自己着急说错话了。

吴老师知道，要接着话头说下去已不可能。于是，他灵机一动，故意问同行的同学们："你们知道这星期的黑板报是哪个班第一啊？"大家虽觉有点突兀，却也一起答道："我们班啊！"

"那你们知道大功臣是谁啊？"

"不知道。"大家摇头。

吴老师主动走过去拍着小良的肩说："这里不是？没有小良的生花妙笔，画出那么漂亮的插图，写出那么漂亮的字，我们班哪能得第一啊？"

"是啊，是啊。"大家都点头称是。

听了这番话，小良的脸色和缓了。吴老师趁机说："小良，其实刚才我们正商量着怎样向你学习呢。要不，你教我们画画，我们帮你补数理化，怎么样？"小良脸一红，不好意思地点头说好。

教师的一番好意，由于太过急切而"口不择言"，造成了一场尴尬，但在爱心的驱使下，巧妙地利用学生的长处，化尴尬于无形。

（三）用真挚的话语打动后进生

头一次登上讲台，小陈老师就被那个闻名全校的淘气包小刘"将了一军"。

记得那天，初为人师的小陈在做完自我介绍后，面对五十张可爱的小脸，情不自禁地说："今后，我会像大姐姐一样去爱护你们每一个人。"话音刚落，坐在教室最后一排的小刘同学猛地站了起来，大声说："陈老师，你喜欢好学生，还是后进生？"他的眼睛中闪过一丝狡黠，歪着脑袋看着老师。这时，小陈老师发现同学们都睁大眼睛望着她。

"小刘同学，你知道什么叫后进生吗？"小陈老师用温和的口气问他。"不就是像我这样的学生吗？"他有些迷惑不解地看着小陈老师。

"不，"小陈老师摇了摇头说："后进生是各方面都不好的学生。据我了解，我们班可没有后进生，就拿你来说吧，你爱劳动，乐于助人，体育方面顶呱呱，人又聪明，怎么能说是后进生呢？""我……我学习不好。"他羞涩地低下头小声说。

小陈老师走过去，摸着他的头说："如果你有一件心爱的东西坏了，但它还可以修好，你会怎么做呢？""当然是努力修好它了。"他抬起头望着小陈老师。

小陈老师继续说："对呀，我会像大姐姐一样去爱护你们每一个人。作为姐姐，弟弟妹妹有了缺点，自然会努力去帮他改掉，就像你对待自己心爱的东西一样，不会因为他有缺点，就不再喜欢他。而是当他改掉缺点后，我会更加喜欢他，爱护他。你懂吗？"

他一边点头，一边说："我懂了，谢谢您，陈老师，刚才我没有举手就站起来说话，请您原谅。以后我有了缺点，请您一定给我指出来，我会努力改正的。"他刚说完，同学们都热烈地为他鼓掌，那两个留级学生也显出了自信。

小陈老师了解学生的性格和心理特征，用真挚而富有感染力的语言循循诱导，努力寻求师生间的共同语言——希望学生取得进步，给学生以信任和鼓舞，从而达到了沟通的目的。

第二章

理论篇——生机盎然的语言理论

一、语言是人类交际的重要媒介

（一）语言和水一样不可或缺

我们的祖先在共同耕作、集体狩猎中需要相互配合和情感交流，自然就需要借助劳动号子、肢体语言等某些信号来进行交流，这或许就是人类语言的发端。人类从脱离动物的那一天起，直到进入今天的文明社会，在日常工作、学习和所有的社会实践中，信息的传递和思想感情的表达，无时无刻都离不了语言。

语言是每一个社会成员和他人进行交际的重要媒介，几乎和水、食物一样不可缺少。台湾有位作家写过一篇文章叫《终身大事是说话》，谈到"除了呼吸和血液循环之外，唯一的终身大事是说话。人的一生始终在说话里打滚，而且谁也打不出说话的手心，正如孙悟空逃不出如来佛的手心，你说说话该有多重要！多厉害！一个人从叫出第一声'妈!'，一直到临终时留下最后的遗言，始终跟说话脱离不了关系，你能说说话不是人类的终身大事吗？"

美国当代美学家苏珊·朗格充分肯定了语言的巨大作用："运用语言可以表达出那些不可触摸的和无有形体的东西，亦即被称之为观念的东西；还可以表达出我们所知觉的世界中那些隐蔽的、被我们称之为事实的东西。正是凭借语言，我们才能够思维、记忆、想象，才能够最终表达出由全部丰富的事实组成的整体；也正是有了语言，我们才能够描绘事物，再现事物之间的关系，表现各种事物之间相互作用的规律；才能进行沉思、预言和推理。更为重要的是，我们还可以运用语言进行交流，这就是通过将那些可听的或可见的词排列成一种大家能理解的式样，通过这种式样，人们就可以反映出自己各式各样的概念、知觉对象以及种种概念和知觉对象之间的联系。"

人与动物的重要区别就在于人类能思维、会说话、善交流。没有翅膀，鸟儿便无法飞翔；没有语言，人类的思想和感情也无法表达。人类也借助语言，来保存和传递人类文明的成果。

（二）语言表达应服从交际目的

语言由语音、词汇、语法三大要素构成，是人类交流思想的工具，是为了满足社会的交际需要而产生、存在和发展的。

语言刚产生的时候，结构非常简单，词汇也相当有限，语法更是极为粗糙，但它满足了我们的祖先并不复杂的交际需要。随着社会进步，词语不断增加，词义日益丰富，语法日趋完善，整个语言体系顺应了人类社会形态由低级到高级，从落后到发达的前进步伐。

人类在交际过程中，进行正确的语言表达是极为重要的。语言表达必须服从交际目的，紧紧围绕讲话目的和谈话中心，否则便会无的放矢，甚至事与愿违。

"请客"的故事可谓经典：某人请甲、乙、丙、丁四人来做客，说错了几句话——"该来的没来""不该走的走了""我说的又不是他"。结果一个客人也没留住。

鲁迅笔下的阿Q是个流浪雇农，既没政治地位，也没经济地位，但当辛亥革命的浪潮波及阿Q所在的未庄时，阿Q在人们的眼中忽然变得不寻常起来。

"'老Q，现在，'赵太爷又没话找话，'……现在……发财么？'"

"阿……Q哥，像我们这样的穷朋友是不要紧的……"

原先，阿Q根本就不在赵太爷的眼里，如今闹起革命来，便想与阿Q套近乎，无话找话，连称呼都变了，"阿Q"升级为"老Q"了。在这里，赵太爷为了达到目的，选择了另一种对称呼语的表达方式。

还有那与阿Q同处于被剥削地位的小D，平日里叫惯了"阿Q"，可现在的交际目的不同于以往，所以在叫了"阿……Q"之后，觉得不妥，马上加了一个"哥"字变成了"Q哥"。小D对阿Q的态度从这一声"Q哥"中可见一斑。

中国古代的一则笑话同样说明了这个道理。有一个秀才要买柴，便喊道：

"荷柴者过来!"卖柴的因为听懂了"过来"两字,便走了过来。秀才再问:"其价几何?"卖柴的听懂了一个"价"字,便告知了价钱。秀才嫌贵,摇头晃脑地说:"外实而内虚,烟多而焰少,请损之。"卖柴的实在听不懂秀才的意思,就挑起担子走了。秀才最终没有买到柴。

日常生活中,又何尝没有这样的例子呢?小张同学因食物中毒被送进了医院,经医务人员全力抢救,终于脱离了危险。治疗一段时间后,他全面恢复了健康。出院时,医生护士送他出院门,并一一和他握手言别。刘医生说:"再见。"王护士说:"欢迎常来。"本来心存感激的小张顿时很尴尬。

确实,一个人如果不会正确地运用语言进行交流,迎接他的只会是失败。

(三) 语言是人类赖以立身处世的根本

语言表达是最容易的事,也是最难的事。说它最容易,是因为三岁小孩也会说话;说它最难,是因为最擅长辞令的外交官也会有说错话的时候。

"中国人很早就讲究说话。《左传》《国策》《世说》是我们三部说话的经典。一是外交辞令,一是纵横家言,一是清谈。看看他们的话多么婉转如意,句句字字打进人心坎里。"[1]

在现代,论说话艺术的文字,鲁迅的《立论》算得上是精警之作。让我们重温鲁迅先生的《立论》:

我梦见自己正在小学校的讲堂上预备作文,向老师请教立论的方法。

"难!"老师从眼镜圈外斜射出眼光来,看着我,说:"我告诉你一件事——"

一家人家生了一个男孩,合家高兴透顶了。满月的时候,抱出来给客人看,——大概自然是想得到一点好兆头。

一个说:"这孩子将来要发财的。"他于是得到一番感谢。

一个说:"这孩子将来要做官的。"他于是收回几句恭维。

---

[1] 朱自清. 说话 [J]. 小说月报,1929 (6).

一个说："这孩子将来要死的。"他于是得到一顿大家合力的痛打。

"说要死的必然，说富贵的许谎。但说谎的得好报，说必然的遭打。你……"

"我愿意既不谎人，也不遭打。那么，老师，我得怎么说呢？"

"那么，你得说：'啊呀！这孩子呵！你瞧，多么可爱！哈哈！'"

这里，我们暂且不讨论做人的原则，不分析鲁迅对世故之人的讽刺，只看看人们的语言表达，说"将来一定会做官的"和"将来一定会发财的"贺喜者，得到了主人盛情款待，而说"将来一定会死的"却被乱棒打出。有的人，明明占理，但说不出个子午卯酉，结果是非不辨；有的事完全可以争取成功，却终因口舌不利而导致失败；有的矛盾纠葛有可能完全消除，却因张口结舌而无法解决。

英国著名的物理学家、化学家法拉第，曾经对光的电磁学提出过基本理论，但由于他不善表达，文字晦涩，又缺乏起码的数学说明，所以当他第一次提出电磁学理论时，并没有引起多少人的注意。一直到麦克斯维用明白晓畅的语言和数学方法对电磁学说进行说明之后，这一理论才得到世界的公认。

可见，语言是人类形成和表达思想的手段，更是人类得以立身处世的根本。

二、语言与思维同存共进

（一）语言与思维密不可分

《辞海》对"语言"这一词条的解释中明确强调，"语言是人类最重要的交际工具。它同思维有密切的联系，是人类形成和表达思想的手段，也是人类社会最基本的信息载体。"这一解释强调了语言与思维的关系是密切的，但并未解释语言与思维孰先孰后，孰轻孰重。确实，要回答语言与思维孰先孰后这一问题，就如同回答"这个世界上是先有母鸡还是先有鸡蛋"这个问题一样的困难。

　　语言学界对此问题历来争论不休，归纳起来大致有四种观点，即语言先于思维、思维先于语言、语言决定思维、思维决定语言。今天，更多的研究表明，语言与思维之间，并无轻重、主次之分，而是互相依存，不可或缺。思维影响着人类的语言，反之，语言也影响着人类的思维。

　　1920年，人们在印度发现了两个在兽群中长大的小女孩。由于某种原因，俩女孩从小就脱离了人类社会，终日和狼生活在一起。她们不会说话，只会像狼一样地嚎叫。妹妹大约两岁，被发现后不久就死去了。姐姐七八岁，但她只懂得正常的六个月婴儿所懂的事情，实际上，她只具有一般动物的思维。

　　无独有偶。20世纪70年代，人们在菲律宾的深山老林里，发现了一个在二次大战中败逃的日本士兵，他过着野人一般的生活。当时，他离开人类社会孤独地生活已有28年。当人们把他送回日本时，估计他不能过早地接触社会，至少要过三五年。但事实并非所人们想象的那样，在回到家乡仅仅过了81天，他就像正常人一样开始了工作，并于当年结了婚。这位离开社会几十年的士兵，为什么能如此快地完全适应了人类生活呢？究其原因，是他在离开人类社会以前就已经掌握了语言，在离开人类社会以后，尽管没有人用语言和他交流，但这并不妨碍他用语言默默地进行思维。

　　人类的思维发展与语言的进化几乎是同步的，是从简单到复杂一步一步演化而来的。从某种角度而言，"语言的发展是一种社会心理现象，遵循着一定的发展阶段和规律。思维是心理活动，也是一种心理过程，其发展同样遵循着一定的发展阶段和规律。语言的发展促进思维的发展，思维的发展同样对语言的发展产生重要影响。正如George Yule在探寻语言起源时所称：人类祖先由直立行走开始而改变其前肢的作用；声道结构发生的变化以及牙、唇、舌、喉出现的生理进化使得人类逐渐获取了发声的能力；人脑单侧化，左脑负责工具及语言的使用。在运用语言的过程中，人类需要同伴合作，经过漫长的进化便出现了人类交际；人类由此开始使用语言传授知识和技能。"[1]

可见，语言与思维有着密不可分的关系，语言是思维的表达形式，思维是语言的内容。二者相互作用并影响、相互推进并制约。

（二）语言使用与思维方式形成紧密相关

《辞海》中对"语言"的解释中还强调了这样一层意思："共同的语言又常是民族的特征。语言就本身的机制来说，是社会约定俗成的符号系统。语言是一种特殊的社会现象，它随着社会的产生而产生、发展而发展。语言没有阶级性，一视同仁地为社会各个成员服务。但社会各阶级、阶层或社会群体会影响到语言，而造成语言在使用上的不同特点或差异。"我们平时所听到的英国人、澳大利亚人、美国人讲英语，就不完全一样。

研究表明，不少移居到北美后的亚洲人，他们面对同一套人格测试题，用不同的两种语言进行测试，会产生不同的自我意识，反映出不同的人格。迈克尔·罗斯、艾莱恩·逊和安妮·威尔逊通过实验得到了验证。他们邀请了一些滑铁卢大学中国出身的双语学生，请那些学生分别用英语和汉语进行自我描述。那些学生用英语进行自我描述时，表现出非常浓郁的积极情绪，如果不看外貌，简直分不清是加拿大人还是中国人；而用汉语进行自我描述时，他们的言语之间所体现的更多是符合中国人价值观的思想，表现出来的积极和消极情绪各占一半，完全是典型的中国人的思维方式。[2]

张志公先生说，一个人能够平心静气地、恰当得体地与人交谈；能够快捷而准确地理解别人、表达自己；叙说事情简要明晰、不烦琐、不语无伦次；申述简洁，有理有据，不强词、不傲慢；即使争辩，也不亢不卑，不骄不躁，不粗暴，不气势凌人；即使对非善意的攻击，不可容忍的挑衅，也能据理反驳，可以义正词严，决不面红耳赤，暴跳如雷，能使对方心服口服，得到旁观者的支持；在大庭广众之中说话能保持从容不迫，自然大方……凡此种种，

---

[1]　向明友，张兢田. 论语言与思维的关系 [J]. 同济大学学报（社会科学版），2009，20（4）：91-95.

[2]　尹德谟. 论语言与思维的关系 [J]. 西华大学学报（哲学社会科学版），2005（4）：47-50.

都能反映一个人有文化、有教养、有知识、有气度，即一个人的文明素质。其实，也反映了这个人的思维方式。

实践证明，扩展和丰富语言，能提高思维能力。毛泽东的语言之所以能炉火纯青、出神入化，体现出极强的震撼力、感召力、吸引力，和他所掌握的广博词汇量紧密相关。也正是他拥有了丰富的词汇、典故和修辞能力，他才有敏捷而辩证的思维，才能以深邃与睿智、幽默与哲理，去让对手乃至敌人心悦诚服。

三、语言是人类文化与世界观的直接反映

（一）"语言与文化是一张皮"

"一个民族的语言就是他们的精神，一个民族的精神就是他们的语言"，19 世纪德国语言学家洪堡特的这一观点影响甚广。从这一观点出发，语言就是文化，而且是一个民族文化中最为核心的部分。不过，由于人们对"文化"的定义不同等因素，不少后人并不认同语言与文化是重合关系，而是提出了包含关系、交叉关系、排斥关系等各种观点。[1]

而在语言学家陈建民看来，"语言与文化是一张皮，不是毫无联系的两张皮，对这张皮，我们可以从这一面看看，也可以翻过来从那一面看看，即进行语言和文化关系的双向交叉研究。"虽然有人不能接受这一说法，因为它将语言与文化放在了平起平坐的位置，但这一通俗形象的说法，使他赢得了很多的拥趸。

以汉语而言，它是植根于每一个中国人心灵深处的精神之根、生存之本，是华夏子孙的人文家园和精神线索，是中华民族在全球化浪潮中身份认同的文化基因。

[1] 贺显斌. 语言与文化关系的多视角研究 [J]. 西安外国语学院学报，2002，10 (3)：22-26.

著名特级教师于漪老师曾提到这样一个例子。学习都德的《最后一课》，有教师让学生在书上画出注释中有的词语，然后抄写几遍，把注释背出来；再画出有关法国语言最美的句子，抄在练习本上；要求学生看一遍，接着完成一课一练。几天以后，一位家长问孩子：这篇文章是世界上许多国家少年学习的教材，你学习以后怎么想的？孩子回答说：和学习别的课文一样，画词、抄词、背词，做练习；还有，韩麦尔先生话说不出来，哽住了，很滑稽，是不是得了老年痴呆症。于是，家长愕然。于漪老师当然也愕然了。

愕然之余，于漪老师写下了这样的话语："民族文化是民族的根，而民族语言负载民族文化，是根之根。语言文字在民族生命的组合中，对外是屏障，对内是黏合剂。语言文字这个工具在为民族政治、经济、文化服务的过程中渗进了民族的个性，成了民族的财富、民族的标志。汉语言文字负载着中华民族数千年的文化，语言这一工具和它装载的文化、思想不可分割。也就是说，语言不能凌空存在。"

余光中先生曾提出过一个很尖锐的问题："当你的情人已改名为玛丽，你怎能仍然送她《菩萨蛮》？"此问不由得令人深思。语言的背后，有着一个民族的集体意识，藏着一种文化的深层编码。一位旅居海外的中国诗人说，每当看到"碧海、沧桑、江湖"这些汉语独有的词汇时，他都会莫名地激动，甚至落泪。是的，谁敢说语言背后不是美丽的故乡？

正如语言和思维之间错综复杂的关系一样，在语言与文化之间，也很难说清谁包含谁，谁决定谁，但二者互相影响、制约、反映、促进，当是没有疑义的。

（二）"语言是存在之家"

"语言是存在之家"，是西方语言学家海德格尔的著名论断。在海德格尔看来，将语言视作工具的传统语言观并没有把握语言的本质。他认为，谈论语言就是谈论人，而绝不是在谈论一种理解的手段或工具。因为只有人才懂得语言、使用语言，人的社会存在实际就是语言的存在。没有语言，人就无法思维，无法交流，也就无法成其为人。从整个人类来看，语言出现的那一刹那；从单个人来看，在他习得语言的那一瞬间，就彻底被语言所包围，语言也就成为人的存在状态。人类甚至无法想象没有语言的世界，因为人类的思维本身就要借助语言。人类的世界已经被语言所充满，在语言中呈现自己，人只有掌握语言才能理解世界，同时使自己作为人在世界中成长。正是在这个意义上，语言指的是一个流动的呈现过程，整个人类历史和传统都在语言中得以展现。因此，语言呈现了整个世界的存在，是存在之家[1]。

海德格尔的弟子伽达默尔将"语言是存在之家"的论断又向前推进了一步，变为"能被理解的存在就是语言"，意即谁拥有了语言，谁就拥有了世界。

前些年，白先勇先生新编古典戏曲《牡丹亭》，到各个大学巡演，不少大学生居然无法看懂文言剧词，只好借助字幕上的英文，反过来揣度中文句意。这可以借用伽达默尔的观点来解释：语言首先作为人的存在状态和遭际世界的方式，然后才成为表达存在的手段、描述世界的符号，人永远以语言的方式拥有世界，语言给予人一种对于世界特有的态度或世界观。

针对日益衰微的汉语问题，蜚声中外的英语学家陆谷孙先生曾"越界"发表看法，语言被智者赋予一种超越时空的力量，成为民族文化的精神线索。要留住中华民族的精神线索，决不仅仅是从技能层面谈论提高汉语修养，而是要把尊重、敬畏、护卫、热爱母语作为一种文化意识和精神责任来看待。

（三）"语言是思想的直接现实"

一个人的道德水准、思想境界、文化修养、审美情趣、心理品质等，在人们的工作实践、社会交往中通过多种形式表现出来，其中最直接的一种形式便是语言。

一个人的语言就是他精神世界的记录与反映。博大精深又言简意赅的《论语》记载了孔子的日常言行，从他的言语中便足以窥见孔子丰富而深广的心灵世界，感受到一代儒学大师的政治理想、处世哲学、情趣偏好、人格魅

---

[1] 杨希希. 从工具性到本体性：语言重要性之初探 [J]. 十堰职业技术学院学报，2007, 20 (2)：72-73.

力，领略到中国传统文化的精髓。

语言大师老舍说过："我们最好的思想，最深厚的感情，只能被最美妙的语言表达出来。若是表达不出，谁能知道那思想与感情怎样好呢？这是无可分离的、统一的东西。"鲁迅先生说得更有意思："从喷泉里出来的都是水，从血管里出来的都是血。"绘画大师徐悲鸿一生正气浩然，他的语言也掷地有声："人不可有傲气，但不可无傲骨。"一代宗师陶行知用整个生命投身教育，才有了"捧着一颗心来，不带半根草去"那披肝沥胆的语言。是的，惟有爱憎分明，才会义正词严；惟有虚怀若谷，才有高雅谈吐；惟有见识广博，才能谈古论今。

先秦诸子百家，除了各有自己的政治主张和思想体系以外，很多都是能言善辩的高手。孔子曾游说列国，又聚徒讲学，还提出"一言可以兴邦，一言可以丧邦"的看法，把语言看作修业治天下的头等大事。孟子也是著名的雄辩家，"王顾左右而言他"的著名典故，充分显示了他善于劝谏的语言艺术。庄子更是以健谈和善辩而著称。三国时诸葛亮出师东吴，舌战群儒，终于说服孙权和周瑜联刘抗曹，大破曹兵于赤壁；周总理多次在谈判桌上以他的"铁嘴"挫败敌手，捍卫了国家的利益和人民的尊严。拿破仑凭其口才，辅其军事，叱咤风云；黑人领袖马丁·路德·金以他高超的语言修养，反对种族隔离主义，获得1964年诺贝尔和平奖。正是那一串串深刻、凝练、晶莹的语言，折射出智慧的灵光，起到了改天换地的作用。

马克思、恩格斯告诉我们，"语言是思想的直接现实"。作为信息的媒介和载体，语言在文化的继承、传递和交流中担负着无可替代的特殊使命。

四、教师语言修养的提升是当务之急

（一）教学语言制约教学效率

教育家加里宁曾做过形象的比喻："教师每天仿佛都蹲在一面镜子里，外面有几百双精细的、富于敏感的、善于窥伺出教师优缺点的孩子眼睛，在不断地盯视着他。世界上没有任何人受这样严格的监督，也没有任何人能对年轻的心灵加以如此深远的影响。"这种影响，除了教师的身教之外，就是教师的言教了。

正如教育家苏霍姆林斯基所说："教师的语言修养在极大程度上决定着学生在课堂上的脑力劳动的效率。"确实，教师语言修养的高低，直接关系到对职业的称职程度。如果说一堂课是一件精致的艺术品，那么语言则体现了这一艺术品的神韵。语言能力强的教师教学效果未必都好，但教学效果好的教师必定教学语言能力强。有些教师，笔杆胜过舌头。写起文章来倒是有板有眼，搞起科研的话，也是成果显著，但若让他谈谈经验体会，那就等于给他出了道大难题。平时上起课来，台下的学生总是昏昏欲睡，真是可惜了他那满腹的经纶、满脑门的智慧。

"意无言则不行，言不畅则意不达"，教学语言是制约教学效率的主要因素。在教师的职业素质中，良好的语言素质必不可少。语言之于教师，正如纸笔之于画家，乐器之于乐手。

（二）新时期教师的职业手段仍是语言

从古至今的教师行业都把语言作为基本的职业手段，通过语言媒介实现师生间的双向交流。新时期以来，出现了影视教学、多媒体教学、利用计算机的翻转课堂等，各种形象化、有声化、立体化的教具越来越发达，但这些毕竟都是辅助性的。只要教师职业存在一天，教师的基本职业手段将仍然是语言。

教师适时的、高明的、必要的讲授指点，起着决定性的作用。教师生动、流畅的语言，连同自然大方、优美得体的仪态，端庄严肃、和蔼可亲的神情，都是令学生毕生难忘的直观教具，这是任何现代化辅助手段都无法比拟的。

面对科技的日新月异，面对高信息、高效率、高交际的现代社会，谁不能熟练掌握语言，谁就会失去整个世界。

语言既是每个教师站稳讲台，完成教育教学内容所依赖的重要前提条件，同时也是学生获得这些语言素质的重要来源。学生从教师抑扬顿挫、纵横捭阖、语惊四座的语言中吸取丰富的词汇和精妙的修辞。尽管学生的语言修养不可能完全依靠学校和教师的培养，但教师的有效启蒙和积极引导无疑举足轻重。

（三）教师语言修养的提升是推进新课改的保障之一

21世纪是知识经济的世纪，是竞争全球化的世纪，是人的个性全面而和谐发展的世纪。新课程改革以来，课程建设已由学术取向转为学习取向，教师应充分认识到课程的开放性、多元性、实践性、生态性，认识到自身经验与学生经验在课程学习中的重要意义，应注重学生学习动机的激发、个别差异的处理、学习环境的设计。

教师应摒弃以知识传授为中心的教学，关注情境对认知的作用，告别"教教材"，走出知识本位，使课堂从控制走向交互。因此，教师在课堂上必须改变"独白"的现状，并和那种居高临下、启而不发、无感染力的教学语言彻底告别。教师若要成为"平等中的首席"，就必须让学生的力量充分发挥，让课堂从单向度教学走向主体性对话。

教师教学观念的转变，在相当程度上体现为教学语言的转变。因此，教师语言素养的提升刻不容缓。

第三章

实践篇——用语言打动学生的心弦

一、教学语言的特征

广义的教学语言，包括教师在教学的过程中使用的教学口语、书面语、板书、作业批语、体态语等。狭义的教学语言，是指教师教学过程中使用的口语。这里，我们讨论的是教师的口语。教学语言是教师在课堂上根据教学任务的需要，针对特定的学生对象，教书育人、传授知识、组织课堂教学活动、实施教学工作时使用的语言。教学语言是教师在有限的时间内，为达到某一预想的效果而使用的最基本、最直接的手段，是师生双方传递信息和交流思想的桥梁，是实施教学工作最基本、最直接的手段，是开启学生心灵的门扉，引导学生走进知识迷宫的万能钥匙。它是语言这一人类交际工具在教学领域中的具体运用。因此，除了具备一般语言的共同性质外，还显示出与一般语言的明显区别，具有它自己的特征。

（一）教育性

教师所从事的工作是教书育人，他的全部课堂活动都贯穿着明确的教育目的。既然教学是有目的、有计划地增进人的知识和技能，影响人的思想品质的活动，那么教师必须有意识地发挥语言的教育作用。教师的语言不应是随意的、无目的的闲谈，也不该是随意的信口开河，而应是经过深思熟虑的、具有一定教育目的、能够给学生的心灵以震撼和启迪的教育性语言。

教育性不是枯燥的说教和贴标签，应注意随机渗透、启发诱导。有人说，教学语言的教育性是"融于传授学科知识的水中的糖，而不是浮在学科知识讲授水面上的油"。

我们都会记得都德的《最后一课》，韩麦尔先生——那位富于爱国精神的语文老师是这样对他的学生说的：

法国语言是世界上最美的语言——最明白、最精确。我们必须把它牢记在心里，永远别忘了它。亡了国当了奴隶的人民，只要牢牢记住他们的语言，就好像拿着一把打开监狱大门的钥匙。

这样的教学语言极富教育性，学生在课堂上不仅从教师那里学到了知识，还培养起了对祖国无限热爱的感情。

还有一位语文教师在讲中国古代诗词的韵律美时，自然地渗入了爱国主义的思想教育。他说：

中国古诗词的韵律美和节奏美，是除中国人之外的任何人所意会不到的。"蒹葭苍苍，白露为霜。所谓伊人，在水一方""老骥伏枥，志在千里。烈士暮年，壮心不已""抽刀断水水更流，举杯销愁愁更愁""大江东去，浪淘尽，千古风流人物"……其中的滋味唯有中国人才品尝得出来。

这样的教学语言激发了学生对汉语的热爱、对祖国的热爱，极富教育意义。

著名特级教师于漪老师在教《最后一次讲演》时的语言，是极富教育性的。相信，这样的语言已经不仅仅在于指导学生学习课文了。

这篇讲演是庄严的宣言，动员的号角，讨伐国民党反动统治的檄文。它像一团炽热的火焰，从肺腑中喷射出来。它没有作词句上的修饰，但句句话像投枪，像匕首，直刺敌人的要害，使敌人招架不住，躲闪不及。这篇讲演距今虽已四十多年，然而那鲜明的立场，爱憎分明的感情，一泻千里的气势，慷慨献身的红烛精神仍然深深地扣击我们的心弦。

还有一位特级教师在讲授《游园不值》一诗时，一名迟到的学生推门而入，径直坐到自己的座位上。这位教师马上就诗歌中一句发问："大家想想，诗人去拜访朋友时为什么是'小扣'柴扉，而不是'猛扣'呢？"大家回答道："因为猛扣不礼貌。"教师接着说："'猛扣'尚且不礼貌，假如'不扣'

而'砰'的一声撞开门而入呢？是不是更不礼貌？"那个迟到的学生不好意思地低下了头。

这位教师的语言也可谓高明，这比直接的批评来得更为有效。

由此可见，教学语言不仅是最基本的教学工具，而且还具有启迪智慧、塑造心灵的作用。

（二）科学性

彰显三维目标的新课程，要求教师关注知识与技能、过程与方法、情感态度与价值观。教学内容和方法的科学性，决定了教学语言的科学性。科学的教学语言是使教学内容科学准确的重要保证。

科学性主要体现为教学语言的准确性与规范性、逻辑性与系统性。一方面要求用词准确，词语搭配恰当，不能张冠李戴、颠三倒四、似是而非；另一方面要求围绕中心，抓住重点，有纲有目，层次清楚，具有严密的逻辑力量。

第一，观点必须正确。教学中表达正确的教学思想和学科的思想观点，是科学性的重要前提与保证。

第二，语言要精准。教学中不应使用含糊的语言，如在历史教学中，一般情况下不用"大概、从前"等含混不清的语言概念，也不用"或许、可能"等模棱两可的语言。

第三，要正确地使用名词术语。各学科的名词术语都有其确切的内涵和外延，运用不当就会引起科学性错误。像岳飞、文天祥等人物，不能轻率地称其为"民族英雄"，而应根据史实，称为"抗金将领""抗元将领"。再如鸦片战争时的英国，还处在资本主义发展的第一阶段，即自由资本主义阶段。若在讲"鸦片战争"时，出现"英帝国主义用武力打开了中国大门"，就会违背历史真实，失去科学性，造成概念混乱，给后面讲述帝国主义形成后掀起瓜分中国的狂潮等内容带来障碍。

第四，语言要合乎逻辑。如果用词不正确，词语搭配不恰当，语言就会失去准确性。教学语言只有符合客观规律，符合思维规律，才能起到培养学生严密逻辑的作用。

如在物理教学中，东西从上面掉下来，要说"物体沿竖直方向下落"；反射定律中，"反射线在入射线和法线所决定的平面内"不能漏掉"所"，也无须在"平面"前加修饰；1 焦耳的物理意义表示"1 牛顿的作用力使物体在力的方向上发生 1 米的位移而做的功"，不能说成"1 牛顿力与 1 米位移的乘积"，也不能说成"1 牛顿力发生 1 米位移而做的功"。

在地理教学中，也不能把"降雨"说成"下雨"，把"气温"说成"温度"。也不能把"暖气团抬升到冷气团之上"说成是"暖气团爬升到冷气团之上"，虽然只一字之差，含义却大相径庭，前者是暖锋，后者是冷锋。

在数学教学中，不把"非负数"说成"正数"，不把"除"和"除以"相混，这些都是科学性的体现。

有一位数学教师在课堂上随口说出一道巩固题："有个长方形果园，园宽 58 米，比长短 46 米，如果在园的四周砌一道墙，问墙长多少米？"这道题出得是否科学、严密呢？仔细想想就明白了，问句中的"墙长"应改作"墙周长"才算妥当，否则省去一字，便容易发生歧义，让人误认为墙长就是长方形的长，即园宽 58 米加上 46 米，得 104 米。虽然课堂上学生均未看出题目本身的"破绽"，但身为教师却万万不可忘记科学性。

第五，比喻、拟人要恰当。教师为使自己的教学语言更加生动形象吸引学生，往往会使用比喻、拟人的手法。但需要注意的是，学科教学与科普讲座不同，科普讲座的语言要通俗易懂，运用大量的比喻和拟人手法，把植物、动物及一些非生命的事物予以人格化。而学科教学要使学生学到科学的基础知识，对于比喻的使用必须恰当。

科学性是教师教学语言的基本要求，教师要用科学的语言去启迪学生、传授知识、感染学生的心灵世界，拓宽学生的视野。

（三）简洁性

教学语言的简洁性是由教育、教学的特殊任务所决定的，也是由其特定的环境和表达方式所决定的。一节课的课堂教学时间有限，而要在有限的时间内把丰富的知识传递给学生，语言的表达必须简洁。

简洁不是减少；相反，它是利用不多的话语起到更好的作用。

相传几千年前，墨子给他的弟子传授论辩之术。两个弟子就"多说话有没有好处"的问题争得面红耳赤。一个弟子问墨子："多说话有好处吗？"墨子回答："蛤蟆、青蛙、苍蝇、蚊子日夜不停地叫喊，嘴巴也干了，舌头也喊乏了，可没能博得人们的欣赏。而雄鸡在黎明时刻只高叫一声，天下的人都为之振奋起来。你看，多说话有什么好处呢？"

另有一例与此有异曲同工之妙。

有一次，宋代文学家欧阳修正与两个青年谈论修辞的精练问题，刚好看见一匹飞奔的马把一条躺在路边的黄狗踏死了。欧阳修问："要把刚才这事表达出来，怎样说才会精练呢？"一个青年说："我用 20 个字即可：劣马正飞奔，黄犬卧通衢，马从犬身践，犬死在通衢。"欧阳修说："用字太多，且互有重复，20 个字中有两个'马'字，三个'犬'字，'通衢'也与'通途'同义。"另一个青年思考了一会儿，想出了 11 个字："有犬卧通衢，逸马踏而过之。"欧阳修说："你这简是简了些，但犬被踏死之事并未说出。"后来他自己重拟了一句："逸马毙犬于道"，只有六个字，却言简意明。

一百多年前，恩格斯指出："言简意赅的句子，一经了解就能记住，变成口语，这是冗长的论述绝对做不到的。"

简洁要求不滥用语言，不堆砌辞藻，删去可有可无的东西。换句话说，简洁是要言不烦，是一语中的，是一针见血。

同样是两位化学教师讲氧化物的概念。一位说："两种元素组成的化合物里，其中一种是氧元素，这种化合物叫作氧化物。"另一位说："氧与另一元素组成的化合物叫作氧化物。"显然，后一位教师的语言就简洁、精练，更有效。学生对于知识的学习过程，是对教师提供的信息进行加工、编码的过程，在知识的建构过程中，教师简洁有效的语言，能起到很好的促进作用。语言越简洁，学生越能抓住信息要点，从而更好地理解概念。正所谓"言不在多，达意则灵"。

一些经验丰富的教师讲课，总是能根据学生的认知能力而抓住重点，一语破的。特别是数理化教师，逻辑推理，环环相扣，滴水不漏。如果教师啰里啰唆、颠三倒四、没完没了，学生反而把握不住重点。到头来，教师讲得唇焦口燥，学生却如坠五里云雾。可能十句里有一句是金子，但沙砾堆砌，把它掩埋了起来。学生听的时候，要挑拣，要分辨，既费时又费力。

此外，教学语言是诉诸学生听觉的，转瞬即逝，繁杂过长的语言会使学生抓不住重点，因此，教师应避免提供与教学关系不大或不相干的垃圾信息和无用信息。有的教师课上大讲逸闻趣事，海阔天空，似乎很生动，信息量也很大，但与学科关系不大，学生只是听听热闹而已，之后便如过眼烟云。

学生的认知风格有差异，不同类型的学生对教师的讲解有不同的要求。理解能力差的，需要教师较多的讲解；理解能力强的，则需要教师提供探索和思考的时空。但有些教师生怕学生听不懂，讲课时习惯于唠唠叨叨。为了强调某个问题，适当重复是允许的，但常言道："话说三遍淡如水。"总是那么几句话，学生就会产生厌烦情绪。

有的教师讲述内容还算简洁，但语音形式不简洁，常话语重复，拖泥带水，絮絮叨叨，还常带上口头禅，比如"这个""那个""是不是""对不对""嗯""啊""当然""那么""好"等等。口头禅其实是一种语病，经常在说话中反复出现一些没有实际意义的词语。有位老师上课时爱说"当然"，据学生粗略统计，该老师有一堂课竟"当然"了60多次，因而被学生戏称为"当然先生"。当出现口头禅时，语言中的杂质大大增加，为简洁、流畅地说话带来阻力，不仅给人大量的无用信息，还常把好端端的一句话弄得支离破碎，增加了说话时间，降低了说话效率，对教学的危害很大。

著名学者陈寅恪当年在西南联大讲授隋唐史，开讲前就说明："前人讲过的，我不讲；近人讲过的，我不讲；外国人讲过的，我不讲；我自己过去讲过的，我不讲。现在只讲未曾有人讲过的。"当然，这是比简洁性要高得多的境界，应成为更多教师追求的目标。

（四）生动性

古语云："话须生动方传远，语必关风始动人。"教学语言也应生动，这符合青少年的心理特征。形象生动的教学语言可以把抽象、深奥的道理具象化、浅显化，可以直接作用于学生的视觉、听觉，留给学生逼真的印象。教学语言越生动，越有利于信息的传输，越能引发学生积极地思维，越能使学生产生深刻而良好的情感活动，从而大大提高教学效率。

著名特级教师于漪说过："教师的语言要善于激趣，巧于启智。要用新鲜、优美、风趣的语言步步引导、激发学生的求知兴趣，带领他们不断进入求知新境地。"[1] 教学语言的生动性，就是要求教师在教学过程中，用生动、形象、富有理趣和情趣的语言进行教学。

所谓生动性，就是用形象的语言把抽象的概念或知识内容具体化，以消除学生理解的障碍。

现代物理学家爱因斯坦创立相对论后，在社会上引起广泛注意，但也有人觉得这一理论太艰涩难懂。一次，人们包围了他的住宅，要他简单地讲一下相对论。爱因斯坦对大家说："比方这么说——你同你最亲爱的人坐在炉边，一个钟头过去了，你觉得好像只过了五分钟；反之，你一个人孤孤单单地坐在热气逼人的火炉边，只过了五分钟，但你却像坐了一小时——这就是相对论！"

多么生动的语言！可很多教师不注意语言的通俗形象。

一位教师这样向学生解释："乐观就是精神愉快，对事物的发展充满信心的意思；悲观则指精神颓丧，对事物的发展缺乏信心。"这样解释当然无可非议，但不可能留给学生深刻印象。

另一位教师则这样解释："譬如一个饼吃到一半，乐观的人认为：还有半个呢；而悲观的人却觉得：只剩下半个啦！"这样，学生对"乐观"和"悲观"就有了具体感受，不仅印象深刻，而且会产生共鸣。

确实，抽象的教学语言是教师和学生之间的一道屏障，它会妨碍师生双方的思想沟通。如今，像孔乙己那样满口"之乎者也"的教师是找不到了，但不时夹杂一些晦涩难懂的名词术语的，还大有人在。

---

[1] 王世堪. 中学语文教学法 [M]. 北京：高等教育出版社，1995.

如何使教学语言生动起来呢？运用修辞不失为好方法。如果能在课堂教学中，注意选用比喻、比拟、夸张、排比、反问、设问、双关等，都有助于让语言变得生动。

一位数学教师教"任意三角形"时这么说：

我的法力无边，能不过河而测得河面的高度，能不登高山而测出山峰的高度，能不靠近敌人阵地而测算出敌我阵地间的距离。法宝就是正弦定理和余弦定理。

一位历史教师讲"绥靖政策"时这么说：

二战前英、法等帝国主义采取了讨好法西斯、纵容战争的绥靖政策。什么叫"绥靖"？"绥"是安抚，像一个人为了让狗不骚动，便用手顺着狗毛抚摩，让它感到舒适。"靖"是安定，用安抚的手段使其安静下来。

一位地理教师讲"路南石林"时这么说：

在平缓的高原坡面上，形成奇峰兀立、奇石峥嵘、如柱如塔、如竹笋如蘑菇般的连绵石柱，高的 30 米以上，矮的 5—10 米，有的像花瓶兀立，有的如刺天长剑，真是"桂林山水甲天下，路南石林天下奇"啊！

一位化学教师讲"溶解度"一章时这么引导学生：

溶解度其实并不难学，只要会打牌的人都能学会，因为解溶解度的所有题目都有一张公用的王牌，它就是溶解度的概念。我们总结一下可以发现，只要题目给出的条件满足下面的条件，那么它就可以和概念中描述的常温下含有 100g 水的饱和溶液联立方程，进而求得题目溶液中溶质、溶剂的量。这张王牌条件就是溶液饱和，同一温度，溶剂是水。

一位生命科学教师讲到人体内白细胞不怕自身死亡吞噬病菌、保护人体健康时，说了这么一段话：

不要小看白细胞这位"人体卫士"，当人体某处受伤、病菌入侵时，他们就会闻风而动，纷纷冲出毛细血管，与病菌展开殊死搏斗，直到将病菌消灭为止。一些白细胞由于吞食了大量病菌，自己也壮烈地牺牲了，表现了舍己为人的献身精神和可歌可泣的英雄气概！

为使教学语言变得生动，有经验的教师还善于引用。他们引取其他有关言论、材料、文献、典故、格言、警句、俗语、歌谣等等，使语言声情并茂，给学生带来"兴奋剂"。

地理课上，教师引用"人间四月芳菲尽，山寺桃花始盛开"来说明气候的垂直变化。

物理课上，教师引用"赤橙黄绿青蓝紫，谁持彩练当空舞""东边日出西边雨，道是无情却有情"来教学色散和彩虹成因；引用"坐地日行八万里，巡天遥看一千里"来讲参照物和相对运动。

政治课上，教师引用"两岸猿声啼不住，轻舟已过万重山"来讲明事物的运动；引用"无边落木萧萧下，不尽长江滚滚来"来介绍新生事物不可战胜；引用"纸上得来终觉浅，绝知此事要躬行"来说明实践的重要性。当讲到货币的本质时，有位教师引用了一段莎士比亚戏剧《雅典的泰门》中的台词：

金子！黄黄的，发光的，宝贵的金子！/只这一点点，就可使黑的变成白的，丑的变成美的，错的变成对的，卑贱的变成尊贵的，老人变成少年，懦夫变成勇士……/这黄色的奴隶可使异教联盟，同宗分裂；/它可使窃贼得到高爵显位，和元老们分庭抗礼；/它可使鸡皮黄脸的寡妇重做新娘……/来，该死的金子，你这人尽可夫的娼妇……

真正是令人拍案叫绝的引用!

需要注意的是，不能为了炫耀自己的渊博学识才去旁征博引，"掉书袋"对学生并无多大裨益。引用要注意目的性，引用是为了生动。

追求教学语言的生动性，是为了把学生的注意力吸引到教学中，从而提高教学效率。因此，不能为了生动而生动，不顾教学内容而片面追求生动，而是要把科学性和生动性结合起来，为提高教学的有效性服务。

（五）情感性

三尺讲台方寸地，教师的语言往往能超越时空，在学生心中经久不衰。要达到这个境界，关键在语言是否有情感。唐朝诗人白居易在《与元九书》中说："感人心者，莫先乎情，莫始乎言，莫切乎声，莫深乎义。"教学过程中，教师通过精心准备的"言""声""行"等教学语言，充分调动学生学习的热情与积极思考的激情。

黑格尔说："声音只有通过把一种情感纳入它里面去又由它共鸣出来，才成为真正的意味深长的表现。"[1] 没有厚实的情感因素，语言就成为单纯的符号，成为缺乏生命力的躯壳。

心理学认为，人的情感与认知过程是紧密联系的，任何认知活动都伴随着一定的情感，是在情感的动力驱动下进行的。教师的情感不仅影响着自己的教学思路，更对学生的感知、记忆、思维、想象等认知活动产生重要的作用。实践证明，教师富有感情的教学语言，会激起学生相应的积极的情感体验，产生相应的感情共鸣，有利于形成生动活泼、和谐愉快的课堂气氛，从而使学生带着强烈的求知欲开始学习，在情绪高涨的氛围中开展智力活动、解开知识之谜。相反，如果教学语言冷漠、粗暴、刻薄，就会阻碍师生之间的情感交流，拉开师生之间的感情距离，使学生的大脑皮层处于抑制或半抑制状态，妨碍学生的学习活动。

---

[1] 黑格尔. 美学 [M]. 朱光潜，译. 北京：商务印书馆，1979.

　　教师的讲课只有融进了情感，才会在学生的心中产生更大的效力。富有感情的教学语言，不仅作用于学生感官，更重要的是作用于学生心灵，不仅影响他们的知识水平、智力能力，而且影响他们的人格结构。

　　黄晦闻是北京大学中国语言文学系的老教授，他讲顾亭林的诗正好是刚过"九一八"。黄教授常常是讲完字面意思后，用一些话阐明顾亭林的感愤和用心，即亡国之痛和忧民之心。当时讲《海上》四首七律的第二首，其中第二联是"名王白马江东去，故国降幡海上来"，一面念，一面慨叹，仿佛要陪着顾亭林痛哭流涕。学生们都领会他口中是说明朝，心中是想现在，所以为他的悲愤而深深感动。[1]

　　语言不是无情物，如果教师一味板起脸来说教，用意再好，也会使学生徒然生厌，结果必是缘木求鱼，适得其反。

　　于漪老师在教《人民英雄永垂不朽》一文时，先调动了自己的情感体验，然后以充满激情的诗化语言，将自己的情感传达给学生，从而引起了学生的强烈共鸣。

　　我在一个阳光洒满天安门广场的上午，瞻仰过人民英雄纪念碑。啊，巍峨啊！它有十层楼那么高，看到它，先烈们的高大形象如在眼前；坚硬啊！花岗岩、汉白玉那样庄严，那样雄伟，象征着革命先烈意志如钢。站在纪念碑前，忆中国革命所经历的艰苦岁月，看现在获得解放的幸福生活，崇敬之情油然而生……

　　有位语文教师在教学《一月的哀思》一文时，正逢冰心逝世的第二天，便以此为切入口，用饱含感情的话语导入新课：

　　昨天，文坛的世纪老人冰心以笔和生命给自己画上了一道美丽的弧线，走完了她的人生旅程。冰心的离去引起了人们深深的怀念，而在 23 年前的 1

　　[1] 张中行. 负暄琐话 [M]. 哈尔滨：黑龙江人民出版社，1986.

月8日，一位伟人的逝世更是引起了社会的极大震动。虽然"四人帮"倚仗手中的权力，公然强行压制人民的悼念活动，但1月11日，首都的百万群众仍自发地在长安街深冬的寒风里整整伫立了四个小时，哭别伟人的遗体前去火化。一阵阵的哭声，一双双的泪眼，从北京医院到八宝山，路上一层层的人群向河床一样，即使车队过去很久也不肯散开。那情形真可以说是人类历史上从未见过的最庄严、最壮丽、最撼人心魄、也最让人肝肠寸断的场面。人们悼念的这位伟人是谁？他就是我们敬爱的周恩来总理。

这段话说完，教师的眼眶潮润了，有些学生的泪珠在闪亮，有些学生把头埋得很低……看得出，学生的情感已被教师富于情感的语言充分地调动起来了。

教学中，教师要想使自己的教学语言具有情感性，首先要使自己的心中充满深情。语言的闪光来自于思想的深邃，语言的激昂慷慨来自于胸中感情的激荡，只有情动于中，才能言溢于表。富有情感的教学语言，不仅能使学生从形式上，而且从内容上去感受知识。因此，教师要心动神随、感情饱满，运用语言、手势、面部表情、声调等变化，富有情感地开展教学，激发学生的求知欲，唤起学生对真善美的渴望。因为富有情感的教学语言，不但作用于学生的感官，而且作用于他们的心灵。相反，那种感情板滞、有气无力、无病呻吟、矫揉造作、装腔作势的教学语言，既不利于学生的学习，又不能引起学生积极的情感体验。

当然，教学中，教师要把握住感情的"度"，不能让课堂变成教师表演自我的舞台、耍噱头的场所。

二、教学语言的语体

课堂教学语言按其在教学过程中的不同作用和不同方式，习惯上分为导入语、讲授语、提问语、评价语、结束语等各种不同的语体。

导入语是一节课开始时为引入新课所说的话，或勾连新旧课内容，或提供本课要点，或营造氛围，或调动情绪。

讲授语，主要是对所讲授的知识进行分析、阐释和说明，既要求准确清楚，又要求生动活泼，富有吸引力。

提问语并非每节课都用，但针对性强，恰当的提问语能启迪学生思维，提高学生学习的主动性。

评价语是在教学过程中的即兴性表达，是对学生的答题、演示、作业等所做的评说。

结束语包括本课或某部分内容结束时的总结性讲话，可以帮助学生对所学的知识做阶段性的消化和巩固，并为学习新知识做好准备。

（一）导入语

导入语，就是一堂课的开场白。它是教师为了引导、启发学生进入一定的教学内容而精心准备和设计的教学语言。

好的导入语能够像磁石一样，把学生分散的注意力聚拢起来，进入预定的教学内容，进而起到激发学生的学习兴趣，引发学生思考，创设学习氛围，突出学习目标的作用。它是思想的电光石火，对提高课堂的教学效果起到积极作用。

1. 导入语的作用

德国教育家第斯多惠曾说："教育的艺术不在于传授本领，而在于激励、呼唤、鼓励。[1]"的确，充分做好课堂导入这一重要环节，对激发学生的学习兴趣，增强学生的学习积极性和求知欲望，调动学生的学习主动性，提高课堂效率起着至关重要的作用。优秀教师在教授新的教学内容时，都会或多或少地设计好这一教学环节，以引起学生的注意和期待，使教学活动得以顺利地展开。

---

[1]　张焕庭. 西方资产阶级教育论著选［M］. 北京：人民出版社，1980.

（1）激发兴趣

什么样的开场白才能打动学生呢？有人说，"导入新课，一开始就要像小提琴的弓上弦，第一个音就非常悦耳地吸引住学生。"确实，一节课的导入语犹如乐曲的引子、戏剧的序幕，常常有酝酿情绪、集中注意力、渗透主题、导入情境的作用。好的导入语能使学生的情绪迅速进入学习之中。

有位教师上《雷雨》时是这样导入的：

今天天气晴朗，阳光洒遍美丽的校园。此刻，我希望大家暂且走出这明媚的阳光，走进雷雨，走进"天气更阴沉、更郁热，低沉潮湿的空气，使人异常烦躁的午后"，走进周公馆的客厅。因为在这里，有一段不寻常的戏正在上演。

此话一出，教室里霎时安静下来，学生一个个竖起耳朵，表现出了浓厚的学习兴趣。

有位物理老师准备讲授《汽化与液化》一节的教学内容。讲课之前，他首先讲了下面一个故事：

清朝的将领林则徐与洋人在酒宴上发生了这样的故事。那是一个夏天，洋人宴请林则徐，饭后给他盛上一杯甜点——冰淇淋，林则徐看到上面白汽不断，以为很烫，就不停地用嘴吹它，谁知它入口却冰凉，洋人便以为笑柄。林则徐当时声色未动，几天之后，他回请洋人，席中有一道刚煮沸的热汤，厨师在汤上面浇了一些油，便无一丝白汽冒出，林则徐热情地请洋人喝汤，洋人看汤没有热汽冒出，以为不热，便一口喝下一勺，顿时龇牙咧嘴，呵呵有声，不停乱跳，出尽洋相。你们想知道这是什么缘故吗？我们学习"汽化与液化"后就知道了。

这位老师通过故事作为导入语，来激发学生的学习兴趣。学生听到这个故事后，迫切地想了解这一现象背后的原因，自然就会兴趣盎然地投入到本节内容的学习中。

（2）引发思考

任何一种学习方式都是以思考为前提的，在提出问题、分析问题、解决问题，再提出问题、分析问题、解决问题的反复循环中完成学习任务，达成教学目标。

一位物理老师在讲解"惯性"这一概念时说："同学们在乘车的过程中，常常会发生这种现象：每当汽车突然启动时，人的身体总会向后倒；当汽车急刹车时，人的身体总会向前冲；当车子急转弯时，人的身体有被甩出去的感觉。大家想一想，这是什么原因呢？"他稍作停顿，接着说："这是由于存在惯性的缘故。那么什么是惯性呢？下面我们就来研究它。"

这位教师从学生已有的生活经验和熟悉的素材出发，通过生动有趣的提问来导入新课。这种经验的导入，使学生具有亲切感，还能引起学生对身边的生活现象进行思考。

（3）突出重点

好的导入语常常渗透了教师讲课的目标，或者设疑、或者暗示、或者提纲挈领，方式不同，但总的目的是为了使学生尽快从宏观上把握学习目标，调动学生学习的主动性。

有位特级教师是这样导入《孔乙己》一课的：

有人说，古希腊的悲剧是命运的悲剧，莎士比亚的悲剧是人物性格的悲剧，易卜生的悲剧是社会问题的悲剧。看了悲剧，使人泪下。《孔乙己》这篇小说写了孔乙己悲惨的一生，可我们读了以后，眼泪不会夺眶而出，而是感到内心一阵痛楚。那么，孔乙己的悲剧，到底是命运的悲剧，性格的悲剧，还是社会问题的悲剧呢？

每一堂课都有学习重点和学习目标，有的老师总是在课堂教学之初，就把本堂课的学习重点或学习目标抛给学生，让学生进行力所能及的探索和研究。

一位老师执教《老人与海》一课。他首先播放电影《老人与海》的精彩片段（老人与鲨鱼搏斗的情景），激发学生的学习兴趣，引导学生进入课文情境，初步体会主人公不屈服于命运，凭着勇气和毅力在艰苦卓绝的环境里进行抗争的精神。接下来，他说："这是电影《老人与海》的片段，刚才同学们一定都被老人的精神深深吸引和感动吧！后来，老人与鲨鱼搏斗的结果如何呢？下面就让我们一起走进海明威的《老人与海》，领略老人的顽强毅力和抗争精神。"教师用简短的话语，既对电影的片断进行了总结，又明确了学习的重点。

一个有经验的教师，在课始总是千方百计地诱发学生的学习兴趣。但有的教师为了在课始吸引学生，常脱离具体的教学内容摆一些"噱头"。这种做法是不可取的，因为"噱头"所产生的作用毕竟有限，而且一旦"噱"过了"头"，是很容易把学生引入误区的。

（4）沟通情感

导入语还能沟通师生之间的情感，达到心理相容的目的。因为课堂上学生的思维活动在很大程度上依赖于心理状态，而这种心理状态又在很大程度上依存于师生双边活动的心理相容。

很多同学都生活在普普通通的家庭里，过着平平凡凡的生活，没有轰轰烈烈的大事。然而家庭生活的情趣和温馨，家人之间的深切感情，正是蕴涵在一些司空见惯的琐事里。今天我们要共同学习的《散步》表现的正是这样一种感情。文章写得很朴实，我读了以后很感动。我想，只要你是个热爱生活、热爱家庭的人，你读了以后肯定也会很感动的。

上述这段《散步》的导入语，就使师生间很快地融合起来了。

2. 导入语的设计

导入新课是一门艺术，好的导入方式、精妙的导语设计，能够吸引学生的注意力，对提高课堂效率有着积极作用。导入语没有一定的模式，可以采用各种各样的方法去设计。

（1）情境式导入语的设计

学生情感的激发需要一定的情境，教师根据教学需要，创设一种与教学内容相关的情境，以此导入所要学习的内容。

一位老师教《苏武传》，先播放二胡曲《苏武牧羊》。在悲怆的音乐声中，老师说：

两千年前，在北海边上，有一位仗节牧羊的老人，他坚守着热爱祖国、忠贞不渝的民族气节，在荒凉苍茫的草原牧羊、在饥寒交迫中艰难地生存着，他的身上有"富贵不能淫，贫贱不能移，威武不能屈"的传统美德和高尚人格与气节，敌人的淫威没能让他屈服，金钱与富贵没能让他动心。为了远大的理想，为了亲爱的祖国，为了民族的气节，他餐冰卧雪，不辱使命，义无反顾地献出了自己的青春，他坚守着自己的信念，最终回到自己的国家。这种英勇义举激励着千秋万代的华夏儿女，让无数后人肃然起敬。他是我们民族的脊梁，他就是今天我们今天要学习的课文的主人公——苏武。

这里，教师通过音乐和语言描述，为课文的学习创设了一个很好的情境。

一位老师执教《我和狮子》一课，在课始说了这样一番话：

狮子是一种非常凶猛的野兽。一次，因笼门没锁好，徐州动物园的一头狮子夜间跑了出来，咬死了一个人。解放军战士赶到，才用枪打死了这头狮子。可《我和狮子》的作者——一位英国女学者却和一头狮子一块生活了三年！她为什么要和狮子住在一起呢？狮子不吃她吗？

当教师这样导入新课时，学生们定会对学习产生浓厚兴趣。

（2）悬念式导入语的设计

设置悬念，能够让学生萌发期待心理，从而产生扣人心弦的诱惑力，激起学生欲知其详的渴望。采取设置悬念的开讲方式，能够将学生的注意力吸引到既定的教学内容和教学目标上，给教学过程增添活力。

著名特级教师于漪老师在教《拿来主义》一课时，就采用了下面一段导入语：

同学们课外阅读兴趣甚浓，阅读的范围比较广泛。半个学期以来，据初步统计，全班看的杂志种类多达六七十种。科技作品且不说，中外文学作品也有二百七十多本。其中有唐宋诗词、《三国演义》《水浒》《明清笔记小说选编》，有列夫·托尔斯泰的《安娜·卡列尼娜》《战争与和平》，巴尔扎克的《高老头》，雨果的《悲惨世界》等，个别同学还看《西厢记》。有一个同学半个学期课外读各种书籍达四十多本。大家这种读书的积极性是好的，应该肯定，应该表扬。然而，你们可曾想过，对待这些古代的与外国的文化遗产应采取怎样的态度才是正确的呢？是一概接受，还是全盘否定，还是采取审慎加分析的态度？今天我们学习鲁迅先生的《拿来主义》一文，可以从中得到启发，受到教育。[1]

这个导入语，巧妙地通过学生的阅读书籍来为如何"拿来"作铺垫，激疑设问，设置悬念，激发了学生的思考和学习兴趣。

一位化学老师执教《二氧化碳和一氧化碳》一课，在讲解二氧化碳的性质时，他说了下面一段话：

在意大利那不勒斯，有一个著名的屠狗洞，洞中有一个屠狗妖，人进入洞内安然无恙，而狗进入洞内却会死亡。科学家波曼尔决定弄个究竟，一天，

---

[1] 许书明. 语文课堂教学导入的艺术 [J]. 青岛教育学院学报，2000，13（4）：1-4.

他打着火把牵着狗走入洞内，他发现火把的燃烧有点飘忽不定，不一会儿狗就晕倒了。他蹲下想看个究竟，可他自己也立刻感到呼吸困难了。于是，他抱起狗走出洞外，并哈哈大笑起来，说：原来这屠狗妖就是……

你能猜出屠狗妖是谁吗？

这段导入语，不仅通过悬念引起了学生的学习兴趣，还暗示了二氧化碳不能供给呼吸、密度比空气大的性质。

（3）温故知新式导入语的设计

这种导入语，就是通过复习已学知识的方式来过渡到新课内容的讲授。教师引导学生回顾与新课有关的旧知识，新旧联系，温故知新，在新旧知识间架起一座桥梁，使学生在温故之时激发起他们对新知的兴趣。

如在教《游园不值》一课时，可以这样导入：

一提到春天，我们就会想到春光明媚、万紫千红、春风拂面、鸟语花香等美丽景象。古往今来，许多文人墨客用彩笔描绘它、赞美它。同学们想一想，诗人杜甫在《绝句》中是怎样描绘春色的？王安石在《泊船瓜洲》中是怎样描绘春天的？今天，我们再来学习一首描写春天美丽景色的古诗——《游园不值》。

这段导入语，教师先引导学生温习以前所学的关于春的诗句，然后顺势引入新课。这样，学生既复习了旧知识，又自然地过渡到新知识，收到了良好的效果。

（4）实验趣味式样导入语的设计

有些以实验为基础的学科，教师可以通过实验来导入新课。通过实验中生动、鲜明、新奇的实验现象，来引发学生的学习兴趣，吸引学生课堂学习的注意力，使学生积极主动地探索新的知识。

物理老师在讲《温度》一课时，他先在桌面上从左到右放置三杯水，编号分别为 1、2、3，三杯水分别是热水、温水、冷水。他让两位同学分别用手指放入 1 号杯和 3 号杯的水中，稍待片刻，又分别要求两人把手指从 1 号杯和 3 号杯中抽出并立即一起放入 2 号杯的水中，问道："2 号杯的水是热的，还是冷的？"左边的同学回答是："冷的"，而右边的同学回答是"热的"。老师问教室的同学说："大家想一想：为什么两位同学对同一物体的温度会产生不同的感觉呢？"

教师通过实验和语言相结合来导入新课，实验的现象和教师的导入语，使学生的思维一下子活跃起来，并产生了浓厚的学习兴趣。

（二）讲授语

讲授语是课堂教学中，教师以语言为载体，向学生讲授学科知识、传授学科的技能技巧、表达思想情感、启迪学生心智、提高学生的知识水平和各种能力的言语行为。它是教师讲课时所使用的语言，也是教师把教学中的新知识、重点与难点内容，用自己理解了的浅显易懂的语言向学生阐释、分析、叙述、说明的教学过程。

1. 讲授语的作用

讲授语是课堂教学中最基本的语言表达形式，是教学语言的主体。一堂课要解决什么问题，达到什么目的，哪里是难点、疑点，教师心里要有底，如果不明确的话，语言组织必然顾此失彼、杂乱无章，甚至还会出现前言不搭后语的现象。譬如，一个人物形象，一条定理，一种现象，是在什么条件下形成的，包含了哪些知识或技巧，有什么意义或价值，都需要教师准确地去讲授。

（1）系统化传递知识

教师都是经过专业训练，拥有相对丰富和扎实专业基本功的人，往往能够站在本学科专业前沿来理解课程的教学内容，能够根据学生的认知特征和认知规律进行教学。新课程改革强调学生自主、合作、探究，但并不否认教师讲授的积极作用。教师科学的分析、论证，生动的描绘，有启发性的提问，均能使学生在较短时间内获得较多的知识。教师生动清晰的讲授，有助于培养学生的探索精神和能力，激发学生的创新潜质，在相对固定的教学时间里完成规定的教学任务。

（2）有效解疑释难

学生在学习的过程中，会遇到许多自己难以解决的问题。这时，就需要教师通过讲授来帮助学生解决疑难问题，排除学习中遇到的障碍。

（3）有利于教书育人

讲授语是教师运用口头语言作为传递知识信息的媒介，在课堂上对学生进行知识讲析、思维启迪、思想教育、情绪感染、方法传授的重要形式，比较集中地体现了教师的主导作用。因而讲授语有利于教师履行教书育人的职责，并针对学生实际，有的放矢地对学生进行思想品德教育。同时，也能树立教师威信、密切师生关系，使教师的言行对学生产生积极的影响。

2. 讲授语的设计

教师的讲授不能照本宣科、平铺直叙，而是要深入浅出，具启发性。教师要把教科书上的知识讲述出来并不困难，难就难在让学生能听懂、能理解、能领悟。这就要求把深奥的道理浅显化、通俗化、形象化。

（1）讲述式讲授语的设计

讲述式讲授语，是以平实自然的语言，对某一特定教学内容进行条理分明、清楚完整的表达而使用的课堂用语。讲述的过程中要有层次，安排层次要有顺序，前后要有条理，既要便于教师讲说，又要便于学生听记，做到教师讲得清、说得透，学生听得懂、记得牢、能操作。

教学中，一些具体的历史事件、气候特点、作者介绍、作品简介、实验过程、仪器操作、观点表达、证明定理、定律等，都可以用讲述式讲授语进行讲解，可以用下定义、讲特征、做分类、用比较、做分析、打比方、列纲目、举数字、做对比、举例子、引材料、用图表等方法。讲述式讲授语要求语言通俗、简练、直接，少用含蓄夸张之辞。

如文言文教学中的作者介绍、时代背景、官职、官名，当时的风尚习俗等等，都既不好懂又不好记。如《师说》的作者韩愈二十五岁登进士第，经过许多挫折，才得到"试校书郎"（正九品上）的小官。其后屡遭排挤贬斥，直到晚年才做"吏部侍郎"（正四品上）的小官。如果按部就班地从唐朝官吏制度、品位等级入手来讲授的话，势必烦琐而难懂。有位教师巧妙地从"七品芝麻官"的戏说起：

七品尚为芝麻官，九品呢，只能是菜籽官吧，四品呢，大概是蚕豆官了。从菜籽的渺小而至于蚕豆的伟大，韩愈的提干道路是艰难的、曲折的，但他却是一位屡遭贬斥而不迷"官位"的硬汉，他曾于灾年为民请命被贬，还曾因反对皇帝迎佛骨入宫而几被处死。当时也盛行血统论，出身高贵的，无须求师学习就可做大官；出身低贱的，再努力也受抑制而难出头。这样，社会上随之而来的必然也是"读书无用论"了。而韩愈的《师说》就是奋起讨伐这股害国、害民的逆流的战斗檄文。

这段讲授鲜明有趣，使原本枯燥抽象的内容变得生动形象起来，虽只两三分钟，却给学生留下了难忘的印象。

（2）谈话式讲授语的设计

教师在教学中，适当运用巧妙的话语给学生以启迪、引导和点拨。在学生心求通而未得，口欲言而不能时，通过语言的启发和点拨，使学生进入积极的思维状态，产生探求知识的强烈愿望和巨大动力。通过谈话式讲授语，点其要害、拨其疑难、排除障碍、开动脑筋，进而寻找解决问题的途径。

著名特级教师钱梦龙老师在执教《愚公移山》"邻人京城氏之孀妻有遗男，始龀，跳往助之"时，是这样启发的：

师：那个"遗男"有几岁了？
生：七八岁。
师：你又是怎么知道的呢？

生：从"龀"字知道的。

师：噢，"龀"是什么意思？

生：换牙，换牙时七八岁。

师：这个年纪小小的孩子跟老愚公一起去移山，他爸爸肯让他去吗？

生：（思考后）他没有爸爸！

师：你怎么知道？

生：他是寡妇的儿子，孀妻就是寡妇。[1]

这里，师生在一问一答的对话过程中，找到了问题的答案。这种谈话式的讲授，比老师直接告诉学生"龀"和"孀妻"的意思，效果要好得多。

（3）描述式讲授语的设计

描述式讲授语，就是以生动形象的语言，对被描述对象的特征、外形、情形、状态、颜色等进行具体细致的描绘或勾画而使用的课堂用语。描述的目的是向学生展示事物的真实具体的状态，达到使学生如见其人、如见其景、如历其事、如睹其物的效果，借以增强感受力，加深学生的印象。如语文课中，教师在分析人物形象时，可以在忠实作品的基础上，对人物的外貌特征、活动细节等，用自己的语言进行更加生动形象地描述，突出人物形象的特征，增强讲课的效果。

特级教师钱佩云老师用"顾盼生姿""藕断丝连""单腿腾越"等词语来讲授字的间架结构和书写方法，收到了极佳的教学效果。

有位化学教师是这样讲授离子化合物和共价化合物的电子式的：

离子化合物中的成健电子是"私有制"（归阴离子所有），因此用"篱笆"（括号）围住，同时标出"贫富"（得失电子数）；共价化合物中的成健电子是"股份制"，合股经营，围不得篱笆，分不出"贫富"。

[1]　张奎、李维鼎.钱梦龙《愚公移山》教学实录评点［J］.黄冈师专学报，1982（1）：24-33.

十七世纪捷克教育家夸美纽斯在《大教学论》一书中指出，教学"能使教员和学生全都得到最大的快乐。"教师和学生在教学过程中所能得到的快乐，除了共同获得知识的享受之外，同时也能获得语言的美感享受。

（4）点拨式讲授语的设计

点拨式讲授语，是教师针对学生在听课过程中所出现的不正确的思维和不正确的观点而及时灵活设计的引导、点化、拨正的教学语言，它不是把知识硬塞给学生，而是通过话语引导学生自己去解决知识的难点，以达到学生理解的教学效果。

教学过程中，教师抓住教学内容的重点或关键，引导学生思考，用一句两句话点明实质，使学生豁然开朗，获得新的思路，从而进入新的知识境界。

如一位教师在讲《冬眠》一课时，是这样引导学生理解"冬眠"一词的：

师：眠是什么意思？

生：是睡觉的意思。

师：冬眠呢？

生：冬眠是冬天睡觉的意思。

师：人冬天也睡觉，这是冬眠吗？

生：（知道回答有误）不是。冬眠是指动物在冬天不吃不喝，只睡觉。

师：（风趣地）"噢"，骑兵部的战马到冬天不吃不喝，睡觉了，敌人来了怎么办？

生：（笑了，知道又错了，于是补充）冬眠是指有的动物在冬天不吃不喝去睡觉。

师：这样解释就对了。冬眠是指有些动物，如青蛙、蛇在冬天不吃不喝一直睡一个冬天。看来把词理解准确是要动一番脑筋的。

有位语文老师在讲授《我的伯父鲁迅先生》中的"呻吟"一词时，也运用了点拨式讲授语：

师：什么叫呻吟？

生：就是声音很微弱地说话。

师：那你们小声说话叫呻吟吗？回答问题声音小叫呻吟吗？

生：在非常痛苦的情况下，小声地自己哼哼。

师：对，生病了，或是哪儿痛了哼哼，叫呻吟。

（三）提问语

宋代著名教育家朱熹说："读书无疑者，须教有疑；有疑者，却要无疑，到这里方是长进。"[1] 现代著名教育家陶行知先生说："发明千千万，起点是个问。"可见提问在教学中占有的重要地位。

1. 提问语的作用

教学中，教师以发问的形式，开发学生的智力，唤起学生的思维。提问是触发学生思考的引信，是觉悟的契机。提问效果的好坏，往往成为一堂课成败的关键。高明的提问，有利于激发学生的思维、活跃课堂气氛，迅速获得教学的反馈；蹩脚的提问，要么使学生目瞪口呆，要么使学生不假思索，那就白白地浪费时间。

（1）激发学习兴趣

传统的课堂教学总是教师"一言堂"，但课堂气氛沉闷，学生的注意力很难集中，学习能力也得不到提高。要改变这种现状，需要教师巧妙地运用提问艺术，在教学的恰当时刻加以提问，并引导学生针对教师提出的问题进行思考，这样，课堂气氛也会活跃起来，学习兴趣也会被激发，教学质量和效率也会得到提高。

（2）促进学生思维

学生的思维是从问题开始的，疑问是思维的第一步。学生没有疑问，就

---

[1]　朱义禄.《朱子语类》选评 [M]. 上海：上海古籍出版社，2006.

不会思考，就没有智力的发展、能力的培养，也就没有创造力的养成。朱熹所说的"读书无疑者，需教有疑"就是这个意思。教师通过课堂教学提问，创设问题情景、引起学生注意、打开学生思路、培养学生兴趣、激发学生思维、加深学生印象、发展学生智力和能力。学生的智力和能力在思考中会得到发展和提高，不仅学得知识，更重要的是学会思考、学会学习。

（3）获得反馈信息

课堂提问也是及时获得反馈信息的一种好手段。教师要判断学生是否真正掌握了所学的知识，掌握到了何种程度，就需要进行形式多样的提问，以便掌握反馈信息，检查教学效果。当然，为了使反馈的信息更准确、更全面，提问的对象应涉及不同层次的学生，这样得到的反馈信息较富有代表性。之后，教师根据课堂提问所获得的反馈信息，及时调整教学进度，针对学情和自身教学中存在的问题，采取补救措施、改进教学方法、提高教学质量。

2. 提问语的设计

首先，设计的提问语必须具有启发性，且问题的难易要适度。一石激起千层浪，一个问题提出来，要能引发学生的积极思维。问题既要有一定的难度，又不能完全超越学生现有的知识水平，既不能让学生"唾手可得"，又不能让他们绞尽脑汁仍毫无结果。

其次，设计提问语要把握时机。提早了，学生回答不出来；提迟了，成了马后炮，不起作用。教师要学会"察言观色"，尽量在学生的情绪较为愉快、较为稳定的时候提问。

第三，提问语必须明确，没有歧义。含糊不清，模棱两可，学生不知所云，无法回答。例如，有的教师问学生："你觉得这篇文章怎么样？"到底是问内容？问写作方法？还是问读后的感受？这样的提问令人"丈二和尚摸不着头脑"，于是有的学生就干脆回答："不怎么样。"这不是白问了吗？

（1）追问式提问语的设计

追问式提问就是把所要传授的知识，分解成一个个小问题，一环扣一环不断地提问学生。如语文教学中，在细读课文时，教师为了引导学生了解课文的主要内容、探索课文的主题、理清课文的思路、深究课文重点段落的句子含义等，可以提出："为什么""说明了什么""表达了什么"等。追问的特点是教师发问的语气较急促，问题与问题之间间隙时间较短，能创设热烈气氛，训练学生敏捷、灵活的思维品质。追问能使学生保持注意力的稳定性，刺激其积极思考，有利于全面掌握知识的内在联系。

（2）阶梯式提问语的设计

阶梯式提问就是几个问题有机地联系成一个整体，每个问题是一级台阶，或者前面问题是后面问题的准备，后面问题是前面问题的发展；或者前面是一般性问题，后面是一般性问题的演绎或应用；或者前面的材料是引起问题的原因，后面问题是前面材料的结果。它充分考虑到学生思维的程度性，对于培养学生前后联系思考问题的习惯，使之沿着某个方向深入探讨，以获得对某个问题本质的理解和掌握很有好处。

一位教师上苏轼的《赤壁赋》。在学生充分朗读后，教师问学生对本文的初步感受，学生一般只能谈到诸如"景物描写很优美""富有诗情画意"之类的一些形式上的特点。

这时，教师进一步问：

"那么本文的旨趣究竟何在？作者想要表现的到底是一种什么样的情怀？"

显然，对于这个问题，同学们思考不多、体会不深，没有人能给出明晰的答案。

教师再引导提问：

"作者开始游赤壁时，景色如何？心情如何？"

一位同学回答："作者与客人在秋夜泛舟于赤壁之下，在清风明月之中，饮酒诵诗，体现了高雅的文人情趣，作者心情很好。"

师："那么，这种好心情是否持久呢？"

一位同学答道："没有。当客人吹出了悲凉的箫声之后，作者就露出了'愀然'的神色。"

师："很好。这位同学很快看出了作者情绪的变化。现在我们一起来看一下，文章的主体部分在写什么？"

"写的是苏子与客的对话。"一位同学反应很快。

师："对。要理解本文的丰富内涵，关键在于这两段对话。现在能否通过诵读这两段，来品味'苏子'与'客'各自的情怀呢？"

（读过书后，不少同学谈出了很真切的体会。）

师："大家谈得都很好，但是还有些散。谁能集中表述一下作者究竟要表达什么情绪？"

片刻的沉默后，学生发言了："我明白了，我觉得主客的对话很可能是苏轼一个人的对白，是他思想中的两种情绪的对抗。他既感到人生无常，又想摆脱这种悲观情绪。他想跳出尘世，寻求一种超然的人生……"

教师紧紧围绕教学内容，抓住了那几个牵一发而动全身的关节点，适时、适量地进行了提问，且难易适中，诱发了学生积极思考，因而顺利地实现了教学目标。

还有这位生物教师是这样一步步提问，使学生掌握"动物"这一概念的：

教师：为什么说鸡、鸭、猪都是动物？
学生：因为它们都会叫唤。
教师：对吗？蚯蚓不会叫唤，不也是动物吗？
学生：蚯蚓会爬，会爬会走的都是动物。
教师：水里的游鱼，空中的飞鸟，不会爬也不会走，不也是动物吗？
学生：它们都会活动，能活动的叫动物。
教师：飞机会飞，汽车会爬，是不是动物？
学生：它们自己不会活动，不是动物。
教师：那么，什么是动物呢？
学生：能自己活动的生物叫动物。

由于问得高明，问题迎刃而解。

（3）比较式提问语的设计

有比较才有鉴别。现代学生获得知识的渠道很多，知识储备丰富，视野开阔，但他们对知识的理解还有局限性。因此，教师通过比较式提问，提出有思维容量、有一定深度的问题，引导学生通过自己的分析、比较、推理，去探求问题的本质和规律，从而求取真知。

如有位老师在教《送东阳马生序》时，就抓住关键词语，提出下面两个问题：

课文第一句"余幼时即嗜学"，把句中的"嗜学"改为"好学"行不行？为什么？

"嗜学"两字在全文中有什么作用？

这两个问题不是立即可以回答的，而是要认真阅读课文并进行思考才能回答，因此学生钻研课文的热情就高。他们反复阅读，反复推敲，反复比较，终于领悟到课文之所以用"嗜学"一词的精妙之处："嗜学"虽然也有"好学"的意思，但"嗜"却不是一般爱好，而是特别爱好，"嗜学"比"好学"语意更强，更能表达作者幼时好学的迫切心情。正因为有这种好学精神，他才能像文中所写的那样，无所畏惧地克服学习中的各种困难。"嗜学"两字统摄全文，与本段末的"勤且艰"相照应，也和篇末的"善学"相照应，"嗜学""善学"正是作者对马生的勉励和希望，也是全篇文章的主旨。

（4）联系式提问语的设计

知识在于积累。学生有了一定知识基础，又有获取新知的欲望，教师要及时引导学生"温故知新"，联系已学过的知识，引导学生到知识的海洋中遨游，加深对新知识的理解。

比如，学习《崤之战》一课。当学到"蹇叔之子与师"这句时，教师提问一名学生，这句中的"与"是什么意思？学生回答说，"与"就是"参加""参军作战"的意思，是动词。教师肯定了那位学生的回答是正确的，并在学生理解了"与"就是"参加"的意思后，又引导学生联系已学过的知识，举出一些相当于"参加"这个意思的"与"来。这时，课堂上活跃起来了，学生争着举手回答："咸与维新"中的"与"，"参与"的"与"，"与会者"的"与"……最后教师又联系了"与"这个词别的意义和用法，如："我与他"中的"与"是连词，"和"的意思，应念"yǔ"，第三声；"蹇叔之子与师"中的"与"是动词，"参与"的意思，应念"yù"，第四声。这样，经过学生的回答，教师的总结、对比，温故而知新，不仅学生学习兴趣高涨，而且新获得的知识也更加广泛、牢固，收到了良好的教学效果。

提问的方式有很多，除了上面提到的几种形式，还有思辨式提问、迁移式提问、情境式提问、探究式提问等。

（四）评价语

评价语是指教师对学生瞬时的、即兴的、即时的、即地的表现所做出的一种评价。教师要善于观察、善于听辨，筛滤出有必要做出评价的信息，根据特定的语境很快决定"说什么"，"怎么说"。课堂上的评价语言不应只拘泥于一种形式，应该因人而异、因课而异、因时而异、因发生的情况而异，教师要有创造性地对学生进行评价，使被评学生得到学习成功的满足，提高学习的兴趣，更积极主动地投入学习，从而促进学生和谐发展。恰如其分的评价语能促使学生更好地掌握知识技能，同时还体现出教书和育人的和谐统一。

1. 评价语的作用

正确的、公平合理的课堂教学评价，可以维持教学过程中学生适度的紧张状态，激起学生学习的积极性。

（1）活跃课堂气氛

激励性的教学评价语言是学生学习信心的催化剂。教师在评价时要睁大眼睛寻找学生的闪光点，不吝言词地给予热情的鼓励。如："谁能用他的聪明才智，帮助我解决这个问题？""你特别爱动脑筋，常常这样一鸣惊人，让大家禁不住要为你鼓掌喝彩！"学生在这些激励性的语言中，会体会到自信的快乐，向老师展示出"我能行"。

　　著名特级教师魏书生老师在教学《统筹方法》一文时，让学生口头列举现实生活中运用统筹方法的实例，不少学生列举的多是做饭、烧水之类的事。对此，既不能简单否定，但课堂又不能滞留不前，魏老师便风趣地说："咱们能不能把自己从狭小的厨房里解放出来啊，把眼光投向更广阔的天地呢？"学生会心一笑，课堂便被引向了深入。

　　（2）调动学习积极性

　　苏联教育家苏霍姆林斯基认为，人的内心深处都有一种根深蒂固的需要，那就是渴望被人赏识[1]。中小学语文课程标准也指出："对学生的日常表现，应以鼓励、表扬等积极的评价为主，采取激励性的评价，尽量从正确加以引导。"学生都想得到老师和同学的赏识，他们都需要他人的鼓励。因此，教师充满激励的评价语言能让学生不断获得前进的动力，在自信中走向成功。

　　（3）使教学问题更明确

　　学习是一种个性化行为，教育应当尊重学生在学习过程中的独特体验和独特认识。在教学中，教师的评价语能够对学生起到熏陶和感染的作用。同时，进一步明确学习的重点和难点，指出教学内容的价值取向。教师要及时抓住学生认识上的误区，通过评价语因势利导，循循善诱，使学生在老师的启发引导下获得正确的价值取向，掌握正确的知识，养成正确的思维方式，形成正确的道德观、人生观、价值观。

2. 评价语的设计

　　课堂评价语是课堂教学中教师对学生的学习活动做出的适时评价，是组织和引领学生展开有效学习活动的重要媒介。课堂评价语言是教师的教学机智、口语技能、教育智慧的全面展示，是调动学生积极主动地参与课堂教学活动的语言艺术。

　　（1）激励性课堂评价语的设计

　　激励性评价是指在课堂教学中，教师对学生正确的见解和良好的表现给

---

　　[1]　苏霍姆林斯基. 给教师的一百条建议 [M]. 王义高，译. 天津：天津人民出版社，1981.

予表扬、鼓励。希望得到老师和同学的肯定和赞美，是学生内心深处的愿望，也是他们生理和心理正处发育阶段的特征。准确恰当且富有激励性的评价语言，是照在学生心灵上的缕缕灿烂的阳光。激励性评价还体现在教师充分运用体态语进行评价，一个充满信任与鼓励的手势、眼神、抚摸、微笑，都会起到有效评价的作用，同时也能沟通师生感情。由于个体差异和知识水平的限制，学生的表现不可能都令人满意。如果老师给予恰如其分的评价，用发展的眼光看待学生，给他一个机会，学生会还之以惊喜。

教师提出问题后，为鼓励学生发言，可以说："同学们，把你独特的看法告诉大家，好吗？相信你能行。""谁能用你的聪明才智，帮助我解决这个问题？"当学生提出一个很有见解的问题时，可以说："这个问题提得真好，很有价值，值得我们深入研究。""真是巧思妙解啊！""这样的想法只有你才想得出来，太好了。""我又发现了一个小数学家。""老师也没有想出来，真是后生可畏啊！""能够教你们这样的学生真是一种幸福"等等。

诸如此类的亲切明朗、热情洋溢的评价语，学生听后怎么会不被感染？怎么会不努力？怎么会不上进？

（2）启发性课堂评价语的设计

启发性评价语是指教师通过评价性的语言，启发和引导学生找准解决问题的方向和方法，引导学生深入探究、展开思维、全面思考，逐步获得正确的结论。教学中，每一个教学环节都应该注重语言的启发性，巧用评价语言启发学生主动参与思考、体验、想象和创造等学习活动。

我们来看看一位老师执教《〈论语〉十则》的教学片断：

师：为什么说"知之为知之，不知为不知"是一种智慧？

生1：知道自己的不足，就会去学习，永远有学习的意识，这是一种智慧。

师：说得真不错，有自己独到的理解，其他同学还有对"智慧"的发现吗？

生2：知道自己的不足，就会变得很谦虚，别人也乐意教你，你就获得了学习的机会。

师：你们能多角度看待一个问题，而且理解得很深刻，老师非常欣赏，这是一种优秀的思维品质，你们认为"知之为知之，不知为不知"还是一种什么品质？让我们挑战孔子，试着用一个字概括，并说明理由。

生4：知之为知之，不知为不知，是勇也。我认为在别人面前承认自己有所不知，这需要一种勇气。

师：你们同意他的观点吗？请说说你的理由。

生5：人都有自己不知的一面，在别人面前承认自己有所不知，这很正常，谈不上"勇"。

生6：人总是习惯于掩饰自己的"不知"，敢于承认自己不知的确很勇敢。

师：对刚才几位同学的回答，你们有什么看法？

生7："勇不勇"因人而论，对自尊、胆小的来说就是勇，反之就不是；但他敢于说出自己不知，不虚伪，不做作，这是做人的真实，是"真"也。

师：因人而论，很有见地。还有补充意见吗？

生8：是"德"也。有"知之为知之，不知为不知"的勇气，我说是一个人的美德，他可以非常真实地活着。

……

师（小结）：看来，孔子又多了你们这群徒弟了。如果知道两千年后，有这么一群出色的后生，他老人家要含笑九泉了。

这里，老师先提出一个开放性的问题，然后对学生的回答及时跟进恰当的评价语，引发了学生之间的互评互析，激发了他们的探究兴趣和情感体验，拉近了学生与文本的距离，让学生了走进孔子的内心世界。

（3）反思性评价语的设计

反思性评价语，就是根据学生的个性特点和思维品质，引导学生对所学知识和表现的学习行为进行反思，对所学的知识不仅知其然，而且知其所以然；给予学生自我领悟、自我矫正的机会，从而引导学生在反思中积累学习方法，培养良好的思维习惯。在课堂上老师不仅利用课堂语言评价引导学生获取知识，而且引导学生对知识的获取过程进行反思总结，让学生通过反思进一步认识到知识是采取何种方式、通过何种途径获得的，这更有意义，因为让学生积累这些思维方法，能为他们的终身学习打下厚实基础。

除此以外，评价语还要注意角度的多元化，不仅评价思维成果，而且评价思维过程、思维方法，既有评判性评价，又有激励性、鼓动性评价。

评价时，要注意评价语言的丰富多变。"没关系，大胆讲""你的看法很独特""你分析得头头是道""你真善解人意""青出于蓝而胜于蓝""后生可畏"等语言，会让学生感受到教学氛围的宽松与自由，更好地体验到学习过程的成功与快乐。我们注意到，像"我希望你对词语的解释更全面些"这样的积极性语句，比起"我对你的解释很失望"这样的消极性语句所起到的作用要大上十倍。

教师如果机械地对学生的应答作与预设答案的"对"与"错"的两极判断，就不能促进自己与学生进行更高层次的思考，同时，也无法形成一种无拘无束、自由畅达的空间，学生也就不会尽情地自由表达与参与。

（五）结束语

结束语是教师结束一堂课的教学内容之后，对所学内容进行的总结和归纳，通过教师的语言，达到照应、梳理、点化、启发的作用。

1. 结束语的作用

明代谢榛论及文章的开头和结尾时说："起句当如爆竹，骤响易彻；结句当如撞钟，清音有余。"[1] 同样，好的课堂教学结束语，能够使学生的思维不仅仅局限在课堂之内，而且还继续向课外延伸。学生一旦能保持强烈的求知欲望，就会去积极探索未知的世界。

（1）归纳梳理

课堂结束语可以帮助学生对所学的知识进行归纳，理清所学知识的层次

---

[1] 谢榛. 四溟诗话［M］. 北京：人民文学出版社，2005.

结构，掌握其外在的形式和内在规律，形成知识系统及一定的知识框架。教师在课结尾时，利用简洁而准确的语言、文字、表格或图示，将一堂课的主要内容进行归纳梳理。通过这种简明扼要、提纲挈领、目的明确的总结，抓住每一个知识点的外在形式和内在本质，从而使学生掌握系统性的知识。

（2）总结反思

课堂结束语不是对所学知识内容的简单重复，而是对一堂课学习过程的总结反思，是对这堂课最重要的内容加以回顾、反思、提升，突出要点、重点、难点、易错点、技能、规律和方法。通过总结反思，帮助学生明晰学习方向，找到致错根源，从而达到举一反三的效果。

（3）加深记忆

恰当的课堂结束语，能够紧扣教学目标，突出基础知识、基本技能、主要思想，用最简单、最经济、最概括的语言对新知识加以组织，并使新知识融合于已有知识经验中，从而使新知识更加巩固，帮助学生加深记忆。通过结束语，引导学生整理、复习、巩固知识，深化对课堂教学主题的理解和把握，使得知识不断迁移，转化为能力，为后继学习奠定基础。

（4）埋下伏笔

教学既具阶段性，又具连续性。有时，一个教学内容需要几课时才能讲完，这样几节课之间必须存在着紧密联系。有经验的教师会在做结语时提出一个富有启发性的问题，造成悬念，为下一节课作铺垫。学生在好奇心的诱导下，会在课后主动预习新课，使悬念成为新旧知识的连结点和桥梁。这样的结束语，不仅是学生进一步学习的导向，而且还能有效地激发学生的学习兴趣和求知欲望，从而变被动接受为主动探索。

2. 结束语的设计

一堂课开始的导入固然重要，但是一节高效的课不仅要有生动引人的开头，还要有完美的结尾，做到"善始善终"。巧妙的课堂结束语能达到"课虽终，趣犹存"的境界。一节课的最后几分钟，往往是学生大脑最疲劳、注意力最容易分散的时候，如果教师能够精心设计一个新颖有趣、耐人寻味的课堂结束语，不仅能巩固知识、强化兴趣，还能进一步激起学生求知的欲望，使学生进一步产生对学习的兴趣，活跃思维、开拓思路，在愉快的氛围中把教学推向高潮。

（1）归纳点睛式结束语的设计

这是一种常见的课堂总结的方法，老师只需寥寥数语，提纲挈领地归纳所讲授的知识，把整堂课的主要内容加以总结、概括、归纳，给学生以系统、完整的印象。这种结束语，能够帮助学生整理思维、加深理解、巩固所学的知识。

如一位教师上《变色龙》一课时的结束语是这样的：

由奥楚蔑洛夫对狗的态度变化曲线图中，我们可以看出他对狗的态度完全取决于狗主人的身份和地位，充分暴露了这个沙皇鹰犬见风使舵、趋炎附势、媚上欺下的丑恶本质，从中揭露了沙皇统治下警察制度的反动和虚伪。

有时，教师可根据教材内容，提出一些有思考价值的问题。问题可以着眼于思想感情的启迪和升华，使教学效果延伸到培养高尚的道德情操等方面。有位教师上《背影》一课的结束语如下：

父亲的爱是平凡的、琐细的，难得的是儿子愿意去体会，能够去理解。请问同学们，生活在父母无微不至的关爱里，你们记得几次动人的"背影"呢？

（2）预习过渡式结束语的设计

结束语还具有承上启下的特点，因此要着眼于知识的过渡和拓展。有些老师在让学生掌握本节知识的同时，对新课的预习也给予必要指导。教师在设计这样的结束语时，要根据下一次课目学习的重难点，在新旧知识之间架设一个桥梁，让学生在预习时有目的地去学习，避免走弯路。

一位教师在教学"比的意义和性质"一课时是这样结尾的：

今天，我们学习了比的意义和性质，同学们学习劲头很大。在此之前我们还学习除法、分数的意义和性质，希望同学们在课后把它们三者比较一下，根据它们的异同点，列出一个关系表来。

（3）悬念式结束语的设计

教师在一堂课即将结束时，结合本课的教学内容，提出一些富有启发性、趣味性的问题，以激发学生的求知欲望，起到"欲知后事如何，且听下回分解"的教学效果。有些教学内容需要几课时才能完成，而这几课时的内容又相互联系，这时就可以根据下一节课的教学内容，在上一节课结束的时候创设悬念，激发学生进一步探索与学习的兴趣。

（4）歌诀记忆式结束语的设计

教学经验丰富的教师，还能够把较为复杂的问题或学习内容概括成几句顺口溜。这样，一般学生颇为头疼的知识内容学起来就容易得多了。

例如学完林斤澜的《春风》一文，有位教师总结出了"景物描写口诀"：

要想景物描写好，抓准特征很重要，动词修辞加感官，想象联想加细描。

又如，有教师总结出了"记人类文章的写作口诀"：

记人文章不难写，我有宝典来帮忙。抓住性格定主题，围绕性格摩肖像。动作精准语言妙，细节心理用恰当。以情绘人最关键，睹物思人是良方。情节曲折现性格，结尾强化不能忘。人数不同写法异，多练笔头能力长。

实践证明，这种歌诀记忆式小结有助于学生更好更快地掌握知识，提高课堂的吸收率。

一位化学教师在讲完《碳的化学性质》后，提到碳在氧化中完全燃烧生成二氧化碳时，给学生出了一个自编的化学谜语：

"说冰不是冰，雪状半透明，灼伤还制冷，升华影无踪。"下节课我们将一起来揭开这个谜底。

这样的结束语，使学生对将要学习的新知识跃跃欲试，产生预习新课的兴趣。

（5）讨论探究式结束语的设计

在新授内容结束后，教师可以根据教学内容提出一个问题让学生讨论，引导学生探究新旧知识的不同点和联系点，使学生对新旧知识的理解更加准确深刻。

在学完胡适的《我的母亲》一文后，有位教师引导学生思考：

《藤野先生》一文通过记叙作者与藤野先生交往的四件事，赞颂了先生的品质。如果《我的母亲》一文也借用这种写法，删掉母亲与家人相处的情形，而只保留母亲对我的教育这部分内容，你认为好不好？请说明理由。

这样的结束语，引起学生课后的回味和思索，深化了学生对课堂教学内容的理解。

结束语切忌虎头蛇尾。有些教师往往较为重视课的开头，到结束时却常常显得匆忙。而有些教师的结束语却属小题大做，当结束时还在滔滔不绝，这就有画蛇添足之嫌了。

三、教学语言的风格

法国自然科学家布封有句名言："风格即人。"马克思也引用过此话："真理是普遍的，它不属于我个人，而为大家所有；真理占有我，而不是我占有真理。我只有构成我的精神个体性的形式。'风格就是人。'"[1]

教学语言风格是教师语言特点的综合，是教师在教学过程中所表现出来的整体言语气氛和格调。它是指教师运用语言表达手段所表现出来的具有独创性、稳定性和整体性等特征，是教师教学语言成熟的标志。教学语言风格是由教师的知识、语言储蓄、用气发声技巧、吐字归音、讲台形象等综合因素构成，并通过教育教学活动体现出与他人不同的个性和格调，是教师在课堂教学中独特且相对稳定的，体现其教育思想、人生观、价值观的课堂语言特点。

艺术有风格，艺术家追求独特的艺术风格，其实，优秀的教师何尝不在追求自己的教学风格呢？显现优美风格的教师，常以他教学的清新雅致、秀丽温婉赢得学生的赞赏；显现理趣风格的教师，常以他教学的机智幽默、趣味盎然亲和学生。教学风格正是通过它不着痕迹的熏陶与感染，促进着教学。而有的教师一辈子献身教育，却始终没有形成自己的教学风格，只是一个教书匠、一部教学机器，那是非常遗憾的。

教学风格的形成，标志着教师教学技法的成熟，标志着教师教学思想的成熟，标志着教师审美个性的成熟。比如，熟悉于漪老师教学的教师或学生，都可以凭讲课认出于漪，因为她的教学已经形成了自己的风格。

教学有风格，教学的风格突出表现在教学语言的风格上。教学语言风格又具有多种多样的表现形态：有的典雅庄重、有的情感激扬、有的沉稳理智、有的质朴自然、有的幽默风趣。这里只谈四组富有对比性的形态。

（一）教学语言风格的形态

1. 简洁与酣畅

所谓简洁，就是简明、精练、扼要。课堂教学中，教师的教学语言如果太过复杂，学生很难理解甚至听不懂，最终导致失去听课的兴趣，课堂变成

---

[1]　马克思，恩格斯. 马克思恩格斯全集 [M]. 北京：人民出版社，1995.

教师的独角戏。

古人写作讲究炼字，留下了很多言简意丰的广为传诵的佳作、佳句。如陈子昂的"前不见古人，后不见来者，念天地之悠悠，独怆然而涕下"；杜甫的"朱门酒肉臭，路有冻死骨"；文天祥的"人生自古谁无死，留取丹心照汗青"；曹操的"老骥伏枥，志在千里。烈士暮年，壮心不已"。片言只语，却包含着巨大的信息量。

一节课的时间只有 40 分钟，教师多说一分钟没有价值的话，学生则少一分钟的学习时间。同时，啰唆的语言使听者不明、无所适从，直接导致课堂效率低下。为了在有限时间内给学生传授更多有价值的内容和知识信息，教师在备课时要仔细认真推敲，使用的词语要经过慎重选择，力求做到中心突出、条理分明，每句话都掷地有声，而不是重复琐碎，让学生感到厌烦。对于指导操作性的语言，更要步骤层次分明、条理清楚，不能不着边际和不得要领。

一位劳技课教师是这么讲夜景拍摄方法的：

夜景拍摄方法常用的是多次曝光法和一次曝光法。多次曝光法，即用三脚架固定相机，用快门线控制曝光。天未全黑时作第一次曝光，曝光量比正常情况略少些，待灯光亮后进行第二次曝光。一次曝光就是固定相机作长时间曝光。

这样的解说言简意明，干净利落，要言不烦，点明为止。

当然，简洁并不等于简单，而是精练简约。如数学是一门系统性很严密的学科，数学教学语言的特点是严密、准确、精炼、逻辑性强。一字之差，往往会有不同的含义。如"数"与"数学""增加"与"增加到""数位"与"位数""除"与"除以""扩大"与"扩大到"等，都表示不同的意思。数学教师的教学语言如果啰唆含混，一定会导致教学的失败。优秀数学教师的教学语言，一定是像敲钉子一样，声声入耳。

所谓酣畅，是指表达详尽，语言洋洋洒洒，痛快淋漓。教师的语言不仅要简洁准确，还要富有情感，具有很强的感染力和亲和力，要让学生在美好的语言世界里接受知识，培养能力，陶冶情操。捷克教育家夸美纽斯曾形象地指出："一个能够动听地、明晰地教学的教师，他的声音应该像油一样浸入学生的心里，把知识一道带进去。"教师恰当的情感语言，能使学生的学习生活充满激情、富有创意。教师要根据教学内容和要求的需要，恰当地选择自己的教学语言，尽量使用生动、新颖、优美的词汇来组合自己的语言，力求新鲜、丰富、准确。声情并茂、充满磁性的课堂语言会使学生如沐春风、如饮甘露，欣然入耳、愉悦入心，从而自觉接受教师的教诲，对所学的知识也会刻骨铭心。

如一位教师在讲授马致远的《秋思》时，在学生基本理解课文意象的基础上，精心组织自己的教学语言：

在深秋晦暗的暮色里，那枯藤老树上，晚归的暮鸦在巢前树头上盘旋着，小桥流水旁一户人家的窗前透过温暖的光亮，乌鸦归巢，家人团聚，而苍茫的暮色里，瑟瑟西风中，奔波在荒凉古道口的游子尚不知投宿何方……

学生被这情真意切、生动准确的语言组合吸引并感动，通过想象和联想，大脑里很快便勾勒出一幅深沉、悲凉、逼真的画面，不由自主地进入诗的意境之中，对诗人所描写的元代下层知识分子那种"儒人不如人"的凄苦情感产生深切的同情。

著名特级教师于漪老师在教写景散文单元文章时，讲了这么一段话：

继米开朗琪罗之后的法国大雕刻家罗丹曾这样说："美是到处都有的，对于我们的眼睛，不是缺少美，而是缺少发现。"我们人总要和大自然接触，大自然的美可以说是无处不在。它不同于巧夺天工的工艺美，也不同于绕梁三日的音乐美，更不同于充满青春活力的人体的健壮美。然而，它似乎又是各种美的综合。尤其是我们伟大祖国的锦绣山川，真是美得令人陶醉，它在春、夏、秋、冬不同的季节展现不同的美姿。现在，我们要学习的这个单元是一组描写四季景物的散文，情文并茂。我们要反复吟诵、分析比较、仔细推敲，理解他们高超的艺术手法和表现的情境美，培养我们用双眼观察美的能力，陶冶我们的情操。[1]

这段语言旁征博引、尽情铺陈、巧用修辞，显示了教师丰富的情感、开阔的思路，学生受益匪浅。

2. 朴实与华丽

朴实就是朴素实在，少用辞藻，少加修饰。它要求教师在教学讲解的过程中紧紧抓住教学内容本身，明确学习目标，用朴素扎实的语言讲解知识，引导学生饶有兴趣地、积极地参与到学习活动中。

庄子说，"素朴而天下莫能与之争美"。老舍也曾指出，"要老老实实先把话写清楚了，然后再求生动。要少用修辞，非到不用不可的时候才用。不用任何形容，只是清清楚楚写来的文章，而且写得好，就是最大的本事，真正的功夫。"[2] 从这些话中我们可以悟出，朴实不是语词贫乏、表述呆板，它要求去粉饰、少造作、勿卖弄，这种风格形态，没有较高的语言修养是无法企及的。

如朱自清的游记《威尼斯》中有这样的语言："威尼斯并非没有桥；三百七十八座，有的是。"这里，没有华丽的辞藻，没有深奥的书面语词，却有了令人难忘的效果。

古人云"言之无文，行而不远"，华丽与朴实正巧相反，它强调装扮修饰，或细描浓抹，或强光重彩，以求绚丽多姿，锦上添花。

有位教师在讲授《梦游天姥吟留别》最后一段时说：

在诗人梦醒之后，徘徊于山野之间，他的心果真如古代隐士那样逍遥自

---

[1] 王伟. 当代中学语文教育专家研究 [M]. 北京：教育科学出版社，1992.
[2] 老舍. 老舍文集 [M]. 北京：人民出版社，1991.

得吗？不！不会！诗人的心是一颗不安的心，是一颗傲岸的心，是一颗淌血的心，尽管这些显得有些无奈，但他已经向那个世界发出了最大的嘲弄："安能摧眉折腰事权贵，使我不得开心颜？"

这种华丽的教学语言，可以让学生受到一种美的熏陶。

一位历史教师在开始讲授中国近代史时说：

中国，一个像太阳冉冉升起的国家，她经历了 5000 多年的沧桑，创造了辉煌灿烂的文明。从商代甲骨文的成熟到清代《红楼梦》的出版，从汉武帝的称霸东方到郑和下西洋这世界航海史上的壮举，我们伟大祖国的文治武功，在古代没有任何国家可以比拟。可是，到了清朝后期，闭关锁国 100 多年的大清国门竟然被英国的大炮轻易轰开，一支支骁勇善战的八旗兵、绿营兵却在英国洋枪队面前成了惊弓之鸟，一个以发明火药技术而称雄于世的中华民族，到近代在自己的国土上竟会出现"华人与狗不得入内"招牌的污辱，一个曾产生过《孙子兵法》和成吉思汗的国家，在近百年时间里竟遭受被迫签订 200 多个日常平等条约的奇耻大辱。为什么会有这种愧对祖先的遗憾？……

这里，在忠于史实和保持历史知识科学性的基础上，适当运用抒情手法，选用一些感情色彩较浓厚的华丽的词句，有助于历史教学过程中情感的表达。

3. 直率与含蓄

直率就是快言快语，干脆明了，不吞吞吐吐，不藏头露尾，直截了当，学生易于接受。在课堂上，教师以真诚的语言坦率地敞开心声，能让学生感受其和蔼可亲及对知识的坦诚态度，同时，也能拉近师生之间的距离。

李镇西老师有一次借班上《孔乙己》一课。他说：

……你们今天千万不要只是听李老师讲课，而应该是在李老师的协助下自己学习这篇课文，李老师第一次和你们见面，我先说一下我上课的特点。我上课喜欢同学提问或发表自己独立的见解。在我看来，凡是能够提出问题或提出和其他同学、甚至和老师不同的观点的学生，是最好的学生。[1]

这段坦诚的开场白，既让学生明白了自己的教学风格和习惯，又很快缩短了师生之间的距离，为教学活动的正常开展打下了良好基础。

含蓄，即不把话直接说出来，而是将意思曲折委婉地表达出来，欲说还休、意在言外，让人回味琢磨。

苏东坡所云："言有尽而意无穷者，天下之至言也。"含蓄就是含而不露、耐人寻味，其特点是把烈火般的感情蕴蓄在冷静的语言里。学生细细体会之后，重新感受到教师语言中蕴含的炽热逼人的力量。含蓄的教学语言不是直截了当地叙述，而是曲曲折折地倾诉，言在此而意在彼，或引而不发，或欲说还休，引导学生自己去体味。

有一位政治老师在讲授高二《思想政治》中的"生活理想"一课时，涉及了爱情、婚姻、家庭等问题。于是，她便针对这个班级学生中出现的"早恋"现象，说了下面一段话：

今年秋末冬初，我家阳台的花盆中，不知谁无意丢下一粒西瓜子。不几天，我惊奇地发现，花盆里竟然长出了嫩芽，而且一天一天地长高，变成了藤并开出了一簇簇小小的果花。过了不久，花谢了，居然也结出了苹果般大小的西瓜。可惜没过几天，霜冻就来了，叶落尽了，小西瓜也长不大了。我这才明白：不该开花的时候开花，不该结果的时候结果，是要受到自然生长规律的惩罚的。今天，发生在同学们中的一些事情又引起了我的思索，你们是否也从中得到了一些启迪呢？

教师说的这番话，既含蓄又不虚假。她只是在结尾时看似轻描淡写地点

[1] 李镇西. 听李镇西老师讲课 [M]. 上海：华东师范大学出版社，2005.

了一句，抓住了学生的心理特点。比喻生动形象，深入浅出，耐人咀嚼，发人深省。如果正面直言说教，只会引起学生的对抗心理，结果会事与愿违。

4. 庄重与诙谐

教师运用语言的目的是为了"传道授业解惑"，所以课堂讲课，一般比较庄重，教师所讲的话题比较集中，语言表达中注重语言的科学性和条理性，这样，就使课堂教学语言同日常谈话语言产生了一定的距离，带有庄重的特点。其具体表现是，在课堂教学语言中往往会出现一些经过深思熟虑、具有表达完整性、严密性和典雅色彩的成分。

庄重的语言在教学中是必需的，用词慎重确切，口吻庄重严肃。一般说来，叙述伟人业绩、生平，评说真理，表达重大的事件问题等等，教学语言应该庄重严肃。

如著名特级语文教师于漪在教《七根火柴》一课时说：

今天我们学习的这篇课文，作者就是紧紧扣住火柴，给我们描述了一个动人心弦的故事，谱写了一曲感人肺腑的悲壮的赞歌。

这段带有文学语言色彩的话语，在日常谈话中是不大可能听到的，但在课堂中说出来，不仅带有一定的严肃性和神圣感，也提升了学生的思想和情感。

与庄重相反的是诙谐，即诙谐幽默，风趣生动。诙谐的教学语言，能把教学内容具体化、形象化，有助于学生理解知识。诙谐的教学语言是教师智慧和自信心的表现，因此它常常富于启发性，需要学生通过积极的思考和想象才能会意，这便加深了学生对教材内容的理解。长期的教学经验告诉我们：课堂上的笑声会制造出积极的气氛，使教与学变得轻松而有效。

诙谐的语言能让人愉快，能缩短人与人之间的距离，增加亲和力。作为教师，要想使学生学得轻松愉快，使课堂具有磁石般的魅力，就要让自己的教学语言富有幽默感，时常注重对自己的语言进行艺术化的加工。

一位化学老师在讲授溴化银的分解时，为了加深学生的理解和巩固，他别出心裁地联系到变色眼镜为什么能变色这一生活事例上去：

一些明星都喜欢戴变色眼镜，就像大家都熟悉、喜欢的谢霆锋就是一个代表。为什么呢？因为这样有型很酷，很有范儿（笑声）。不知大家想过没有：变色眼镜在强光下，镜片变成暗棕色，当光线变暗时，镜片几乎变成无色透明的，变色镜为什么能变色呢？难道是明星使用的魔法吗？难道港台明星都是巫师出身？（笑声）

原来，变色镜片是在普通玻璃中加入了适量的溴化银和氧化铜的微晶粒。当强光照射时，溴化银分解为银和溴。分解出的银的微小晶粒，使玻璃呈现暗棕色。当光线变暗时，银和溴在氧化铜的催化作用下，重新生成溴化银。于是，镜片的颜色又变浅了。原来明星他们都不是巫师。（笑声）

这里，一个简单的化学原理，通过教师诙谐的教学语言，学生轻松领悟了其中的道理，很好地理解和巩固了知识。

确实，用诙谐的方式说出严肃的道理，解释枯燥的知识，比直截了当说出更能为人接受，且印象深刻。诙谐是机智的自然流露，幽默生动的教学语言活跃了课堂气氛，启迪了学生的智慧，陶冶了学生的性情。这正应了教育家斯维特洛夫所说的，"我一直认为，教育家最主要、也是第一位的助手是幽默"。

（二）教学语言风格的类型

教学语言是教师在课堂上根据教学任务的要求，针对特定的教学对象，使用规定的教材，采用一定的方法，为达到某一预想的效果而使用的语言。它是教师教授知识、启迪智慧、塑造心灵的最基本工具，也是教师最基本的教学技能。

但是，不同个性的教师，在不同的教学情境中，为了达到预定的教学目标，对教学内容的语言要素，会根据自己的独特理解，用自己个性化的语言进行创新，从而表现出具有极强个性的语言格调，进而形成自己独特的语言风格。独特的教学语言风格，既是教师艺术性、创造性劳动的表现，又是教师精心设计、辛勤劳动的结晶。教师个性化语言所营造的引人入胜的课堂教学气氛，会激起学生的共鸣。

教师的语言同样是教师的思想、阅历、才华、性格、气质的集中体现。在教学实际中，由于教师个性的差异，职业情感的不同，语言锤炼、表现手法的不同，使得教学语言呈现出不同的风格。有人声如洪钟、抑扬顿挫；有人音似细雨、娓娓道来；有人严谨深刻、善于说理；有人声情并茂、长于描述。这里，我们把教学语言风格分为四种类型：质朴型、优美型、理趣型、华彩型。

这个世界上找不到两片完全相同的叶子，也找不到两个完全相同的人，更找不到两种完全相同的语言风格，这四种风格类型只是概括而言。

福楼拜说："风格就是生命！"东施正因为效颦而缺少个性、失去魅力。每一个教师都应该努力形成自己的教学语言风格。

1. 质朴型

质朴型的风格要求语言质朴无华、不事雕琢、自然天成。这类教师很少用华丽的辞藻，总是实事求是、简洁明了地叙说事实，剖析事理。确实，大量地堆砌辞藻，过多地使用形容词和描绘性词语，会让人感到卖弄、浮夸，甚至虚假。

有位教师在教学《茶馆》时是这样导入新课的：

近几年，上海的马路边如雨后春笋般冒出了很多茶坊，它与以前的茶馆相比，概念上完全是新潮的。从茶坊，我们感受到的是九十年代的时代气息，是上海大都市的风情。而今天，同学们是否愿意去感受一下几十年前旧北京的风情呢？那就让我们共同走进老舍先生笔下的《茶馆》。

这段语言是平实、质朴的。从这里可以看到，质朴并不意味着语言的贫乏、单调、呆板，也不意味着不需要生动、活泼。恰恰相反，以质朴为风格的教学语言极其需要注入生动活泼的养料，以增强教学效果。

需要指出的是，质朴不是普通，质朴的教学语言需要教师在教学中有准确、敏锐的判断能力。教师要善于引导学生进行概括和推理，在看似随意的语言中，一步一步引导学生走向既定的教学目标。

一位数学老师引导学生探索平行四边形面积计算公式：

师：平行四边形面积怎么求？请大家在小组内讨论一下。

学生以小组为单位进入了探讨和交流。（课堂上不时传来孩子们争论的声音）

师：谁来汇报一下？

生1：我们小组是用数方格的方法，数数它上面有几个方格，它的面积就是多少。

（话音刚落，一个学生站了起来。）

生2：如果我们要求平行四边形的大海或草原的面积，你还能用数方格的方法吗？

生1无言以对。

师：那我们还有别的方法吗？

生3：我们用割拼的方法，（说着，举起了平行四边形纸片，边介绍边演示。）将平行四边形的一个角先这样折一下，然后剪下来补到另一边，正好可以拼成一个长方形。长方形的面积就很容易的可以求出来，长方形的面积和原来平行四边形的面积相等。

师：想法很好！能具体说说怎么去算吗？

生3：拼成的长方形的长就是原来平行四边形的底，长方形的宽正好是原来平行四边形的高。长方形的面积计算我们已经学过，就是长乘以宽，所以平行四边形的面积应该等于底乘以高。

教师结合他的回答，形成了板书：$S = ah$

平行四边形的面积计算公式，在学生的探究和争论中产生。

从这个片段中可以看出，质朴型教学风格在教学过程中的表现是：教学内容组织合乎系统的逻辑，层次清楚，线索分明，教学语言具有论证性和说服力。

2. 优美型

优美型的风格要求语言清新、秀丽温婉、情辞意浓。这类教师讲课大方得体、态度端庄、用词华美、语调舒缓、语气柔和，具有很强的亲和力。

作家肖复兴在《五月的鲜花》一文里回忆他的一位数学老师的讲课：

他讲课的声音十分动听，像音乐在流淌；板书极其整洁，一个黑板让他写得井然有序，像布局得当的一幅书法、一盘围棋。……他既是一位数学家，又是一位音乐家，他将音乐形象的音符和旋律，与数学的符号和公式，那样神奇地结合起来。

相信学生在教师优美的教学语言的引导下，心情必定轻松、愉快。这样的教学，能让学生产生如坐春风、如沐春雨的感觉。

优美的教学风格靠刻意的、矫情的模仿是学不来的，它要求教师首先应有轻松自然的心态。

一位政治老师在讲授《思想政治》中"人生价值在于对社会的奉献"这一问题时，满怀激情地朗诵陶铸《松树的风格》一文中的片断：

"我赞美你，松树，你不择地势，不畏严寒酷热；你既不需要谁来施肥，也不需要谁来灌溉；你照亮了人们前进的道路，做到了'粉身碎骨'的地步。"接着，又进一步引申道："我赞美你，英雄模范人物，你们所追求的是无怨无悔的人生。从董存瑞、黄继光英勇献身到焦裕禄、孔繁森甘做人民的好公仆，从徐洪刚、白雪洁见义勇为到徐虎、李素丽无私奉献、真情为人民……索取不属于我们，我们只有付出，绝不期待回报，人生的意义在于奉献。"

这里，这位老师用松树的顽强生命力和自我牺牲精神来比喻那些在革命战争年代不顾个人安危，在社会主义建设时期不顾个人得失，夜以继日、废寝忘食、开拓进取的人们的崇高品质。优美的语言、深厚的情感，跌宕起伏、一气呵成，使得教学情景交融、丝丝入扣、感动人心。

3. 理趣型

理趣型的风格要求语言机智幽默、含蓄蕴藉、趣味盎然。这样的教师上课时常常含而不露、言近旨远，时有哲理的闪光和睿敏的妙语；也常常含一蓄十，以少胜多，要求学生能举一反三、闻一知十。教师会在语言中留下"空白"，让学生去想象、去思考，从中寻得探索之趣。

这类教师常喜欢选用风趣的歇后语、谚语、顺口溜等，表达诙谐情趣；也常常旧词新用、褒词贬用、重义轻用等，以形成幽默；还运用比喻、借代、夸张等修辞手法增强趣味。

有一位老师针对班级学生抄袭作业的现象，说：

"天工造物真是无比奇妙，即使是同一种同一类的物也会千差万别。人们常说，天底下绝没有完全相同的两片树叶。可这一次我们班上却出现了一个奇怪的现象，批改作业时，我发现不少人作业的面孔一模一样，比如这个人的嘴角往下歪，那个人的嘴角也往下歪，孪生兄弟姐妹也没有达到这样相近的程度呀！你们能帮我解释一下这其中的原因吗？"学生先是饶有兴趣地听，接着表情有点紧张，最后大声笑着说："抄袭。"

毛病由学生自己论断，教师顺势引导，指出抄袭作业的弊端。

有一位数学教师在讲授"直线与圆的位置关系"一课时，引用唐代诗人王维在《使至塞上》中的诗句"大漠孤烟直，长河落日圆"，并说：

诗歌描绘了一幅空阔、荒寂的塞外黄昏景象。但我们将那荒无人烟的戈壁视为一个平面，而将那从地面升起直上云霄的孤烟看成一条垂直于地面的直线，那么"长河落日圆"在你眼中，会是什么样的数学图形呢？

学生在老师富有感染力的语言的指引下，产生了浓厚的探究兴趣。他们一边诵读着王维的千古名句，一边在脑海中展开着丰富的想象，开阔鲜明、气势雄浑的塞外风光浮现出来。

当物理教师教照相机的成像特点时，说道："某君照相时头顶地，脚朝天，何故？因为照相只能成倒立的像。"

有的教师为了追求教学的幽默，漫无节制地滥讲笑话，或用不准确的比喻讲解严格的科学概念，单纯追求喜剧效果，甚至挑逗学生发笑。理趣型应既突出"趣"，又不忽视"理"，更不能轻浮油滑，刻意制造无聊的噱头。

4. 华彩型

华彩型的风格要求语脉流畅、语势雄健、富有激情。这类教师非常注重遣词造句，句式整齐又变化参差，语气抑扬婉转，韵律和谐悦耳，常能语惊四座。

特级教师王崧舟老师在执教《长相思》一课的结尾时说：

这就是为什么我身在征途却心系故园的原因所在，这就是为什么我的那个梦会被破碎，我的那颗心会被破碎的原因所在。为了我的壮志和理想，为了寄托我思念家乡的孤独和寂寞，就这样化作了纳兰性德的《长相思》。[1]

接着他出示"长相思"三个字，并放背景音乐《怆》，在舒缓而悲怆的乐曲声中，师生再次回顾整首词：（师读）山一程，水一程，程程都是——（生齐说：长相思）。风一更，雪一更，更更唤醒——（生齐说：长相思）。爱故

---

[1] 徐初苗.名师课堂古诗词"互文拓读"观照［J］.教学与管理，2011（20）：40-42.

园，爱祖国，字字化做（生齐说：长相思）。

教师的这番总结，字字含情，声声动人，把学生及所有的听课老师一同带入《长相思》的情境当中，曲终收拨，余音绕梁，回味无穷。

北京大学有位教授在《大学语文》的序言课上这样说：

语文这门课程将打破时空的界限，克服个人生命的有限范围，把大家引入民族与世界、古代与现代思想文化的宝库，与百年之远、万仞之遥的大师巨匠，进行心灵的交流、精神的对话。大家将触摸集中了人世大智大勇的高贵的头颅，融会了人间大欢喜大悲悯大憎恨的博大情怀的颗颗大心，将在有声有色有思想有韵味的语言世界里流连忘返，将透过美的语言窥见美的心灵和美的世界。

这种语言对学生无疑具有很强的感染力。因为它摒弃了教学语言的单调，使教学语言的色彩变得艳丽，使教学的审美功能得到了提升。

有位教师在执教《大江保卫战》一课，其中人民子弟兵为了国家和人民的生命及财产安全而奋不顾身地跃入急流当中，一幕幕悲壮的营救场面感人至深。在课尾，他结合一幅幅感人的画面，深情而激昂地说道：

人民子弟兵，祖国的好卫士，人民的好儿女！听，在滚滚的洪水中，他们响亮的誓言压倒了一切：站着是根仁立的桩、倒下是袋拦洪的沙！水不退、人不撤，誓与大堤共存亡！看，在滚滚的洪水中，他们一个个血肉之躯筑起一道道钢铁长城，誓死捍卫祖国和人民的生命及财产安全！同学们，让我们永远记住那些感人的场面，永远铭记这些伟大的英雄们吧！

经过这一番渲染，进一步树立起了人民子弟兵在学生心中的高大形象。学生带着崇敬、怀着感动、含着感激，学完了本课。

四、语言技巧

意大利的悲剧明星罗西应邀参加一个欢迎外宾的宴会。宴会上，客人们纷纷要他表演一个节目。盛情难却，罗西站起身子，清清嗓子，用意大利语念起了一段"台词"。虽然在座的客人们都听不懂台词，但都被他抑扬顿挫的语调、悲惨凄凉的声音所感动，很多人潸然泪下。可罗西的一位朋友却忍俊不禁，原来罗西朗诵的根本不是悲剧中的台词，而是宴席上的菜单。罗西出色的表现不仅靠他杰出的表演技巧，也有赖他高超的驾驭语言的能力，他熟练掌握了语调、语速、重音、停顿等技巧的传情达意功能。

国外心理学家曾做过一个实验，他们让八位实验对象通过朗诵英语字母来表达高兴、悲伤、愤怒、妒忌、紧张、难受、害怕、骄傲、满足、同情等10种感情。然后由 30 名评判者来进行分析。实验结果表明：没有实在意义的字母，通过不同声音形成的体现也可以表达不同的情感。有声语言的表达是以声达意、以声传情。在交流过程中，人们也把语调的高低、语速的快慢、语音的轻重、音量的大小、语气的徐疾等直接展现在听者面前。

对教师而言，讲课的语气、语调、语速、重音、停顿、音量等，都有着极为重要的作用。一般说来，亲切舒缓的语气，会让学生有如坐春风的感觉；抑扬顿挫的语调，能调动起学生的学习兴趣；张弛相间的语速，有利于学生进行思考；响度适当的音量，会带给学生最佳的美感刺激。

（一）语　调

语调是指教师说话的腔调，是一句话里声调高低抑扬轻重的配制和变化。语调具有表达意义的作用，一句话的词汇意义加上语调意义才算是完全的意义。同样的一句话，语调不同，其表达的意思也就不同，有时甚至会相差千里。

教师在教学中为适应传授知识、思想感情表达的需要，在说话时，语句总是有高低升降的变化，这种变化就形成了语调。语调是有声语言所特有的，是说话的语音标志，任何话语都带有一定的语调。语调是口语中表达各种语气的声音色彩。借助语调，有声语言才有极强的表现力。

1. 语调的类型

教师讲课的语言应清楚流畅、通俗易懂、生动有趣，让学生听得有兴趣。讲课的语调要抑扬顿挫、语速适中，努力与学生的思维协调一致，从而把学生的注意力吸引到课堂中。要做到这点，说话语调的技巧起到了很大作用。

教师上课常见的语调基本类型有四种：高升调、降抑调、平直调、曲折调。

高升调，多用在疑问句、反诘句、短促的命令句，或者是表示愤怒、紧张、警告、号召的句子里。朗读时，前低后高、语气上扬。表示疑问、反问、惊奇、号召等语气。如：

这儿到底出了什么事？（疑问）

你在这儿干什么？（疑问）

谁还在说话？（疑问）

难道我是个小孩？（反问）

他来了吗？（疑问）

这件事，是你办的？（惊讶）

降抑调，一般用在感叹句、祈使句或表示坚决、自信、赞扬、祝愿等感情的句子里。表达沉痛、悲愤的感情时，一般也用这种语调。朗读时，注意调子逐渐由高降低，末字低而短。表示肯定、感叹、请示等语气。如：

十几天过去了，那小姑娘的爸爸还没有回来。（陈述）

然后他待在那儿，头靠着墙壁，话也不说，只向我们做了一个手势："散学了，你们走吧。"（感叹）

多可爱的小生灵啊！（感叹）

天安门多么雄伟啊！（感叹）

王老师，您再给我讲个故事吧。（请求）

平直调，一般多用在叙述、说明或表示迟疑、思索、冷淡、追忆、悼念等的句子里。语调始终平直舒缓，保持相同的高低，没有显著的高低变化。多表示叙述、严肃、冷淡等语气。如：

在我的家里，珍藏着一本我的老师在我高中毕业时送给我的书。（叙述）

愿母亲在地下安息！（悼念）

我到现在终于没有见，大约孔乙己的确死了。（追忆）

烈士的英明和业绩将永垂不朽！（悼念）

少说闲话。随你处理吧。（冷淡）

大伙都说张老头是个厚道人。（叙述）

曲折调，用于表示特殊的感情，如讽刺、讥笑、夸张、强调、双关、特别惊异等句子里。语调由高而低后又高，把句子中某些特殊的音节特别加重加高或拖长，形成曲折的调子。调子先升后降或先降后升，多表示含蓄、讽刺、意在言外等语气。如：

哈！这模样了！胡子这么长了！（惊异）

"友邦人士"，从此可以不必"惊诧莫名"，只请放心来瓜分就是了。（讽刺）

哎呀呀，你这么大的力气，山都会被你推倒呢。（讽刺）

2. 语调的运用

语调有很强的表意功能，相同的语言若采用不同的语调可产生不同的表达效果。比如"你好"，用比较平和的语气和微微下降的语调来说这两个字，就给人一种亲切温和的感觉；如果把"好"字的字音拖长加重，就带有了讽刺或揶揄的口气了。

一般情况下，可以把教师的讲课语调归纳为四种类型：高升调、降抑调、平直调、曲折调。

持高升调的教师讲课时嗓音高亢，通常不会根据教学环节的需要及教学内容感情的变化及时变换语调，其结果是教师讲得嗓子都冒烟了，却有不少的学生表现出烦躁、厌倦的情绪。

持降抑调的教师讲课时声音偏小，语调低沉，学生竖起耳朵竭力去听，还是听不清楚，尤其是离教师较远的学生更是如此。时间长了，很多学生就会表现出疲倦的神态。

持平直调的教师讲课平铺直叙，感情起伏的落差度很小，也不能充分地调动学生的学习内驱。

持曲折调的教师声音会有变化，轻重强弱恰到好处，学生学习热情就会高涨。这种语调能使学生注意力集中，思考认真。

上述四种"调式"只是对一般规律的归纳，教学口语中的语调要根据不同教学内容和教学情境随时变化，有时高亢、激烈些，有时平稳、舒缓些，并且注意轻重强弱，这样才能增强教学效果。

资料表明，教师如果运用一成不变的高亢型语调、抑制型语调或平缓型语调进行教学，班级学习正确率在59.4%—81.1%之间，而采用变换语调进行教学的班级，学生的学习情绪兴奋，注意力集中，反应较灵敏，学习正确率达到98%。因为整节课教师用同一语调讲课，学生容易疲劳，分不清主次，只好眉毛胡子一把抓。

单一的音符无论如何也谱不出美妙的曲子，单一的语调也无法使教学变得生动。要想使说出的语言完美动听，就必须把正确的发音技巧和正确的语调技巧结合起来。语调技巧即掌握正确的语音或声调的技巧，同时还体现着说话人的意向和心理状态。在课堂上，语调变化还具有吸引学生注意力，引导学生思考，促使讲课速度适宜和产生节奏感的重要作用。

教师的语言表达直接关系到教学的效果。教学语言中的语调变化，在一定程度上对学生的学习有着直接影响，如果教师在教学中巧妙地运用语调技巧，能提高学生的学习效率。

魏巍在《我的老师》一文中这样回忆他的小学老师蔡云芝先生：

她爱用歌唱的音调教我们读诗。直到现在我还记得她读诗的音调，还能背诵她教我们的诗：圆天盖着大海，黑水托着孤舟，远看不见山，那天边只有云头，也看不见树，那水上只有海鸥……

一位教师执教《杜甫律诗五首》，在组织学生讨论了杜甫的《旅夜书怀》等诗后，神情严肃地说：

杜甫是中国历史上一位伟大的爱国诗人。当我们吟诵着蕴含诗人深广忧愤的诗篇时，我们的内心一定会有很深的感触吧。那么，现在就让我们共同走入杜甫那个战乱四起的时代，一起去感受诗人颠沛流离的生活，与诗人进行一番心灵的对话吧。

这里，教师首先以"平直调"为基调，结尾再用"降抑调"，引导学生进入诗歌所营造的意境之中。课尾，这位老师总结道：

今天我们与杜甫这位伟人进行了一场心灵的对话，当我们穿越千年的时光，与一位智者对话，与一位灵魂高尚的人对话，我们的灵魂也会因此而得到净化。我们景仰他，是因为他具有高贵的人格；我们景仰他，是因为他怀有深沉的忧患意识；我们景仰他，是因为他拥有忧国忧民的胸襟。他以饥寒之身永怀济世之志，处穷困之境而无厌世思想。他用他的伟大诗篇，用他的伟大胸怀，唱出了那个时代的最强音。杜甫的诗，集古典诗歌之大成，对后世产生了深远的影响。更重要的是，杜甫诗中所传达出来的爱国爱人民的精神，感召着千百年来的广大读者。课后，请同学们写一篇读后感，谈谈对杜甫人格以及诗篇的理解。

　　这段以平直调为基调的结束语，既是对全文的总结，又是对诗歌的拓展。教师凝重而平直的语调，具有浓厚的抒情意味和很强的感染力。

　　好的教学效果，不仅仅依靠"说了什么"，在很大程度上还取决于"怎么说"。教师应该根据教学内容，运用或亲切温和、或欢快昂扬、或庄严稳重、或幽默风趣等各种不同的语调来渲染气氛。当然，语调的使用一定要与感情的自然流露融为一体，正所谓"强哭者虽悲不哀，强怒者虽严不威"。

　　特级教师窦桂梅老师在执教《晏子使楚》时，能够捕捉课堂的点滴契机，给予学生中肯、富有激情的评价，犹如一团烈火迅速点燃起学生心中的那团火，把整个课堂烧得沸水滚滚，把课上得驰骋潇洒，激情动人。

　　窦桂梅（使劲夸张地拍拍学生的肩）："你怎么这么会读书呢？看你把晏子的心理活动都读出来了。"

　　（窦老师用高升的语调，给学生以表扬，充分调动了学生的积极性。）

　　窦桂梅："你的回答就是与众不同，别人想到楚王的无礼、傲慢，你则想到楚王的可爱。了不起！"

　　（窦老师用降抑的语调，充分对学生进行肯定，增强学生的信心。）

　　窦桂梅：这是句典故，孩子们快快背进脑瓜里，看看谁将来也能用上这句话，这句话可大有说法。快快背一下。

　　（窦老师用降抑的语调，催促学生把典故背下来，虽是布置任务，却极富亲切感。）

　　窦桂梅（语调越来越高）：其实我走了好几桌，我都能听见同学们的读书声和同学们的发现，你们真了不起，会读书啊，谁来谈谈，想说哪就哪，两位同学想说了，三名、四名、五名！越来越多了！好！请你来说说！[1]

　　高升上扬的语调，富有鼓动性，她让每个学生都兴奋起来。

---

　　[1] 张玲霞. 浅谈小学语文课堂即时评价 [J]. 科技信息, 2009 (21)：640.

形成语调有三个因素：即语言结构层面、语用层面、心理层面三个层面的因素。这三种因素相互交叉、相互影响，使语调出现很复杂的变化。同样一句话，往往由于语用的情境发生了变化，或者说话人的心理发生了变化，就会出现各种不同的语调。例如，用果断、有力的语调说"我不去"，是表示一种坚定的决心；用迟缓的语调说"我不去"，则是表示一种沉重的心情；用迟疑的语调说"我不去"，则是表示一种激动的情绪；用凄切而低沉的语调说"我不去"，则是表示一种绝望或失望的心情。各种不同的语调，教师可以根据教学情境的需要，自己去掌握。

教师在教学过程中，为准确地表情达意，需要运用不同的语调，声音的轻重、语音的停连、声调的抑扬、语气的刚柔等构成了纷繁多变的语调，能够帮助教师准确地传达讲授的知识，传递自己的思想感情。恰当地使用不同语调，能够更准确、生动地传达语意和情感，增强语言的表现力和感染力，这也是口语最突出的优势。

（二）重 音

重音是指人在讲话过程中，为准确地表达语意和思想感情，对那些起重要作用的词或短语进行强调，加重声音。出于某种表达目的的需要，通过加重音量、加强气势等方法对某些字词加以强调，这就是重音的运用。话语中的重音不同于词或短语的轻重格式，它与词意无关，只和全句话的意义有关。语句重音在话语情境中的轻重程度，要根据说话内容的需要和词语在该句子中的地位来决定。

口语表达中，重音是必不可少的。语句中如果没有重音，会导致语义不明晰，甚至可能使听话人产生歧义，造成误会。比如"我想起来了"这句话就是有歧义的。该如何了解呢？如果说是想站立起来了。那么"起来"应该读重音；如果是说想起什么事情来了，"想"应该读重音。口语中正确地处理重音，就可以减少歧义，使表意明确。

语言表达中，除了语音规范，还必须正确地处理好语句中的重音。只有合理地设计出语句中的重音，才能把句子的意念重点、逻辑关系表达清楚，使学生准确理解教师表达的思想和情感。

例如在《妈妈喜欢吃鱼头》一文中："当我也吵着要吃鱼头时，她总是说：'妈妈喜欢吃鱼头。'"这里，"妈妈喜欢吃鱼头"并不是对"妈妈喜欢吃什么"的回答，重音不应该放在"鱼头"上。妈妈把平时难得吃上一回鱼肉夹给了"我"，自己却夹起"鱼头"，体现了妈妈对"我"的爱。而"我"并不理解妈妈的用意，"也吵着要吃鱼头"，妈妈为了不让"我"有思想负担，就强调了自己是"喜欢吃鱼头"。因而重音应放在"喜欢"一词上。作品正是通过吃鱼头这样的小事，以小见大地歌颂了母爱的伟大，褒扬了中国女性"克己为人"的美德。

1. 重音的类型

教学中要准确地处理重音，首先要了解重音的意义和分类情况。口语表达的重音跟着句子的内容走，要看句子的结构在句中的地位，没有固定的模式。汉语的语句重音，归纳起来可以分为语法重音、逻辑重音、强调性重音、比喻性重音、拟声性重音、反义性重音。语法重音和逻辑重音受制于结构，一般不表达特别的意义与感情；而其他重音则是由于特殊语境的需要而产生的，因此有表情达意的功能。语法重音是因为句法结构或语义表达上的需要产生的重读现象。汉语语法重音又可以分为句法重音和语义重音两类。

第一，语法重音。它要求根据句法结构的特点，把句子的某些部分读得重一些。

（1）句子中谓语中心常常要重读。如：

山朗润起来了，水涨起来了，太阳的脸红起来了。（朱自清《春》）
中国人民从此站起来了！

（2）表示性状和程度的状语常常重读。如：

水手撵它它不走，抓它，它乖乖地落在掌心。

同学们，咱们明天见。

（3）表示状态或程度的补语常常重读。如：

树叶儿却绿得发亮，小草儿也青得逼你的眼。
走快点！
干得漂亮！

（4）表示疑问和指示的代词通常读重音。如：

这样的好事是谁做的？

有些词语进入句法结构之后，读重音还是轻音，会造成表意和句法功能不同的现象，这种重读现象称为语义重音。
（1）疑问代词重读表特指，轻读表任指。如：

你做什么菜？
你做什么菜呀，咱下馆子去。

（2）"就"重读表示强调，轻读表示关联。如：

我就去了一趟北京。（强调数量）
星期天没事就看了一场电影。

语法重音的作用在于显示语句的深层结构，排除歧义。这种重音常出现在同序的多义句中，往往有固定的位置。
第二，逻辑重音。逻辑重音是对句子中某些需要突出或强调的词语进行重读。逻辑重音是为了表达某种特殊的思想和情感，有意突出的重音现象，因而又叫强调重音。逻辑重音不像语法重音那样固定，哪些词语读重音，是随着题旨和情境的需要而变化的。如：

> 我知道你会这样做的。（不要以为别人不知道）
> 我知道你会这样的。（不是别人）
> 我知道你会这样做的。（不是那样）
> 我知道你会这样做的。（不仅是说说而已）

逻辑重音，又叫强调重音。在话语交际时为表达特定的语意或情感，而有意识地把句中某个词说得响亮些。逻辑重音往往是语义的焦点部分，能提示出话语的前提。逻辑重音是语句特有的重音，在表现形式上，其力度比语法重音略强。在口语实践中，两类重音既相对独立又相互支撑。

逻辑重音的种类：

（1）对比性重音。即把相互对立的事物读为重音，突出强调对比的事物，使客观存在的对立统一关系表达得更集中、更鲜明。例如：

> 骆驼很高，羊很矮。骆驼说："长得高多好啊！"羊说："不对，长得矮才好呢"。

这句话中，有两个对比性重音：高和矮，两种动物对自身的特点进行自我吹嘘。高和矮本身就是一组相反的词，用在句子中就是一种对比的作用。而在此句中，高和矮出现了两次，第一次的"骆驼高""羊很矮"只是叙述，其中的"高、矮"并不需要强调，而骆驼和羊说的话中"高"和"矮"是它们的自我夸耀，是表达的重中之重。

（2）递进性重音。即把层层递进的事物读为重音，由少到多，由小到大，由弱到强，由浅到深……使其得到突出和强调。例如：

> 竹篱的那边是两家很精巧的华美的洋房。篱畔的落叶树和长青树，都悠

然自得地显出入画的青姿。平坦的淡黄的草园，修饰得浅黑的园径，就好像一副很贵重的兽毯一样敷陈在洋房的下面。

郭沫若《亭子中间》的这一小段文字，是对空间场景的描写。要抓住空间的变化，就要用连续性的重音来表现"竹篱""洋房""落叶树""长青树""草园""园径""兽毯""洋房"等词语，从而让一幅立体画展现在听众面前。

（3）呼应性重音。揭示上下文呼应关系，使文章层次清楚，结构完整。有一呼一应和多呼多应。例如：

他还有一个美名，叫什么呢，叫"老抱子"。

这句话要突出的是"他还有一个名字叫老抱子"。所以，"还"是呼，"老抱子"是应。又如：

他当过演员，在大学里教过书，还干了几天电工。

这句话中"他"是呼，后面的"演员、教过书、电工"是应。"他"是领起部分，后面分别说明了他干过的职业。从停连的角度来说也属于分合性停连，在"他"处停，同时强调呼应性重音。

（4）转折性重音。转折性重音经常出现在转折复句中，通过相反方向的变化来揭示句子的精神实质。例如：

我们都以为她会和从前一样，谁知这一回，她撅起嘴来生气了。

尽管句子中没有出现转换性的关联词，但是很明显"谁知"之后的转折是作者表达的目的，所以"这一回"要用重音来读。

（5）肯定性重音。这里的"肯定"是做出明确判断的意思。有声语言不能单纯得看一些"是、不是"的肯定性词语，而是要看整句话的语句目的。

一种是要肯定"是什么",一种是要肯定"是"还是"不是"。例如:

不要开枪,大伯,是我。
原来他喜欢的不是你。

这两个句子中,前一句中的重音"我"回答了"是什么"的问题,要强调;后一句中的"不是"回答了"是或不是"的问题,所以要读成重音。

第三,强调性重音。强调性重音就是把句子中表达感情色彩的词或词组加以强调,以突出某种感情。例如:

不该得的钱,一分钱也不要。

这里,"一分钱"要重读。

第四,比喻性重音。比喻性重音就是在语言表达中,把比喻性的词语作为重音加以强调。例如:

在铅灰色的天穹下,在迷漫的雪雾中,辣椒就像一把燃烧的火炬,照耀着前程。

这里,把战士舍不得吃的"红辣椒"比作"燃烧的火炬",将沉痛的心情转化为无穷的力量,预示了革命光明的未来。

第五,拟声性重音。拟声性重音就是把表达中的象声词用重音来表现。例如:

夜深人静,我在荒地里走着,突然一只野鸟"扑棱"一声从杂草里飞了出来,吓得我直冒冷汗。

这里的"扑棱"一词要强调,表达当时野外的寂静和"我"的内心的极度恐惧。

第六，反义性重音。反义性重音要根据表达的态度看是赞成还是反对，对反义性词语用重音进行强调。例如：

哎，我现在想想，那时真是太聪明了。

朱自清先生这句话中的"聪明"，包含着他对父亲的忏悔和愧疚之情，运用恰当的重音来表现。

2. 重音的运用

重音就是通过音高和音强来体现某一个词语。一般说来，对重音字词在咬字的音量和力度上要显得重一些。如某些首次或再次提到的概念应重说；某些体现语脉线索或逻辑关系的关联词应重说；某些可以确定判断或范围的判断词或副词应重说；某些可以体现动作、性质或感情的动词、形容词等也应重说。

但要注意，重音不是"加重声音"的简称。有些时候，重音不一定"重说"，而应该"轻说"，即故意减轻某个字词或短语的音量和气势，这是以轻显重、以弱显强的重音表达技巧。

在教学中，有意识地采用多种表达重音的方法，可以提高教学效果，有时还有意想不到的作用。

在下面这个《石壕吏》课堂教学的片断中，教师的重音对学生的思考，就起到了积极的引导作用：

师：你认为文中哪句诗最能概括整个事件？
生：有吏夜捉人。
师：谁捉人？
生：吏。
师：捉谁？

生：妇。

师：改为"有吏夜征兵"好吗？为什么？

生：不好。征兵是文明的行为，捉人是强抓，是野蛮的行为。

师：那么野蛮还从哪些句子体现出来了呢？

在这段简洁的对话中，"有吏夜捉人"中的"捉"字统摄全诗，故事情节包括人物情感皆由此生发。课文不说"征兵""招兵""点兵"而说"捉人"，揭露、批判之意显露无遗。老师在教学中，用重音引导学生抓住"捉"字，再以换词的方式提醒学生进行比较，引导学生逐渐进入课文，理解课文，激活学生思维，引发学生思考，可谓技艺高超。

（三）停　顿

所谓停顿，是指在语言表达中，语句或词语之间语音上的停歇。它能把话语合理划分成段，起到使话语形式严谨、表意明了的作用。因此，掌握停顿的语言技巧，有助于提高表达能力，使语言更为准确地传达出去。停顿，可以给说话人以换气的机会，也可以更好地表达语句的意义和感情，同时给听众留下思考、回味的余地，产生无声胜有声的效果。

1. 停顿的类型

停顿通常指语法停顿和逻辑停顿。

语法停顿是指词语之间、语句之间、层次之间的顿歇。这种停顿有明显的显示位置，且句子之间的语法停顿可以用标点符号来表示。停顿时间最短的，用顿号；较之稍长的，用逗号或分号；再稍长的，用句号或感叹号或问号。

语法停顿的一般规律是：

（1）较长的主语之后、较长的谓语之前和较长的宾语之前要停。例如：

我对松树怀有敬意的更重要的原因／却是它那种自我牺牲的精神。

汽笛叫声/突然从那边远远的河身的弯曲地方传了来。

（2）较长的短语之间要停，独立语前后要停，表时空的、表情态的全句修饰语之后要停。例如：

自然界中生物的发展，终于导致人类/这种能改造和征服自然的特殊生物的出现。

据说/结婚的那几户家属，更感到光荣。

（3）如果有几个"的"或"地"，前几个"的"或"地"之后可停，离中心语最近的"的"或"地"之后一般不停，但中心语较长时这个"的"或"地"之后可停。例如：

当我穿过圆穹似的/莲灰色的/繁花覆盖的/甬道的时候，也曾使我起了一阵低沉的感觉。

那人站在原地方，小心地/两脚交替地踏着，……

（4）在"主语＋是＋宾语"句式中，表示判断的，主语后可停，"是"之后不停；表示提请注意的，主语后不停，"是"之后可停。例如：

广州的花市上，吊钟、桃花、牡丹、水仙等/是特别吸引人的花卉。

逻辑停顿是为了突出某种语意或表达某种感情所做的停顿。这种停顿没有特定的规律，因文而异，因人而异，与说话人的意图和感情有着密切关系。逻辑停顿和语法停顿有时一致，有时不一致。例如：

赶超，关键是时间。时间/就是生命，时间/就是速度，时间/就是力量。

谁/是我们最可爱的人呢？我们的部队，我们的战士，我感到/他们/是最可爱的人。

第一个例句中标出的三处停顿，若按语法停顿的一般规律是不停顿的，但这里为了强调，可以有短暂的停顿。第二个例句中"谁"后的停顿，既是语法停顿又是逻辑停顿，两者重合了；"他们"后面的停顿是为了强调所做的逻辑停顿。

逻辑停顿是根据意义进行的顿歇。例如："如果男人没有了女人就倒霉了。"假如说成："如果男人没有了女人，就倒霉了"和"如果男人没有了，女人就倒霉了"，两句话所显示的意思恰好截然相反。

2. 停顿的运用

有一次，周恩来总理与国民党代表进行谈判。他敏捷的思维，犀利的言辞使对方深陷绝境。于是，国民党代表恼羞成怒，胡说同我方谈判是"对牛弹琴!"这时，周总理灵机一动，接过话题，当即回敬过去："对! 牛弹琴。"巧妙的停顿使对方理屈词穷，无言以对。

在亚洲大专辩论会上，复旦队顾刚的发言可谓精彩：

就让我们看看对方同学爱谈的民国初年吧，从袁世凯到吴佩孚，到孙传芳，哪一个不尊孔，哪一个不读经，可是中国还不是被他们读得——百孔千疮吗?

这段辩词结尾以破折号表示短暂的停顿，"百孔千疮"被处理成快速轻声地读出，这一神采之笔立刻将反驳风格由申斥转化成挖苦，语气节奏在行云流水与间歇沉默中抑扬顿挫，实有超凡脱俗的好处。

停顿在教学语言中的地位极为重要，常常能收到"此地无声胜有声"的表达效果。例如：为显示语意转换而设置停顿；为突出将要说的话，而在开口以前设置停顿；为让学生体会、感悟教师的表述而在说了以后设置停顿；为准确衡定学生的理解程度设置停顿；为调控学生注意力而设置停顿等等。

研究认为，讲的内容越新鲜，停顿的次数就应该越多。

一位历史老师在讲《拿破仑帝国》时，是这样运用停顿的：

同学们，拿破仑是历史上一位传奇人物，他虽然身材矮小，但他刚毅、豪爽、聪慧。在法国处于大动荡时期，他通过政变夺取了政权，他几次打败了反法同盟，写下了世界战争史上的许多神话，堪称一代枭雄（停顿）。拿破仑的对外战争打击了欧洲的封建势力，《法典》的推行，更是推动了欧洲资本主义的发展。那么，我们如何来看待拿破仑的对外战争呢（停顿）？

在这段讲解中，老师在"一代枭雄"后面设置停顿，能有效地引起学生对拿破仑功绩的回忆，使他们更加专心听讲，加深对这一课重点的理解。而在"如何看待拿破仑的对外战争"后的停顿，意在引出"正确评价拿破仑"的这个教学难点。两处停顿，除了能给学生时间加以思考以外，还成了教师将要对重点、难点加以强调的明显标志。

还有位历史老师在讲授唐朝"安史之乱"时，在多媒体上展示了杜甫的《春望》："国破山河在，城春草木深。感时花溅泪，恨别鸟惊心。烽火连三月，家书抵万金。白头搔更短，浑欲不胜簪"。这首诗，学生早已烂熟于心，于是，他们疑惑地看着历史老师，心想：老师今天怎么给我们上起了语文课？这时，历史教师说话了：

同学们，这首诗大家早就会背诵，不知你们想过没有，诗歌的标题是"春望"，这个"望"字，很有讲究，是谁在望？望什么？为什么望？怎么望？你们思考过么？（停顿）。

老师的发问，学生在停顿的间歇，全神贯注，进入沉思之中。

教学中，巧妙地利用停顿，可以造成悬念，使语言跌宕起伏有波澜，给学生留下思考的空间，加深对内容的理解，也可以使话语生动诙谐，增添学习的情趣。

（四）节　奏

《宋稗类钞》里记载了欧阳修改稿子的故事：

有一天欧阳修写了一篇《相州锦堂记》，里边有两句："仕宦至将相，富贵归故乡。"他完稿交给主人后，却又要求索回原稿修改。不久，等主人再接到他改定的文稿，草草一读，不是与原稿一样吗？后来经过仔细校对阅读，方才发现该稿起笔句"仕宦而至将相，富贵而归故乡"，比原稿增加了两个虚词"而"。主人一咏三唱以后，拍案叫绝，大加赞赏。

欧阳修改定稿中的两句，虽然只是增加了两个"而"字，意义并没有改变，但是读起来语气由急促变为舒缓，音节和谐，节奏与原先明显不同。

著名的口才大师丘吉尔在他的第一篇口才学论文中，曾把"节奏"列为口才之道的四大要素之首。阿·托尔斯泰也深谙个中三昧："在人的大脑里好像有成千上万个，也许还是成百万个键子，一个正在讲话的人，就好像是用无形的手指，在大脑这个键盘上弹奏一样，而讲话人所奏出来的那支交响乐也就在知音者的头脑里回响起来。"

教学语言的节奏性是由教师内心情感引起的教学语言的快慢、轻重、断续、强弱的有规律的变化，是语气语调的刚柔、抑扬有机的结合。课堂教学中，教师要不断变换音调和音量，使教学语言或深情细腻、或宽厚有力、或低沉凝重、或高昂慷慨；要依据教材内容和教学情境的需要，以使教学语言富有感染力，引起学生的共鸣，从而提高教学效果为目的。

语言中速度的快慢、节拍的强弱、力度的大小等巧妙变换和交替，以及句子长短、语调升降等有规律的变化，对教学效果有着直接影响。教师的抑扬顿挫、富有韵律感的语言，能使教学具有鲜明的节奏。现代生理学研究表明，人在一种单调的声音刺激下，大脑皮层会很快进入抑制状态。但抑扬顿挫、具有节奏感和艺术性的教学语言，能有效打破大脑的抑制状态。因此，教师必须加强语言调控，讲究对语言的巧妙编排与合理运用。

一般来说，讲解教材中的重点、难点和深奥抽象的内容，教师应放慢语速，增强音量；对那些浅显易懂或节奏明快的内容，则应加快语速，放轻音量。对那些表现急切、震怒、兴奋、激昂、壮烈等基调的内容，可用快节奏的语言；而对那些表现宁静、优美、沉郁、悲哀、沉思等基调的内容，可用慢节奏的语言。这样急缓相间、快慢交替，就能渲染出与教学内容相吻合的课堂气氛，使学生在心中激起相应的感情，从而增强教学效果。

现代教学方式也能和教师的语言表达进行间隔变换和合理搭配，使课堂有动有静，使教学活动在动静交替中有节奏地进行。这样，整堂课讲练结合、动静相生，就会表现出一种与学生心理相容的节奏变化。

著名特级教师于漪老师教《雨中登泰山》一课，一开始就满怀激情地导入课文：

同学们游览过祖国的名山大川吗？那奔腾咆哮、一泻千里的长江黄河，那千姿百态、气势雄伟的三山五岳，孕育着我们中华民族的古老文明。一想到它们，民族自豪感就会充溢心头。那具有拔地通天之势、擎天捧月之姿的泰山就是这样一座山，历代多少文人墨客写诗撰文讴歌赞美。杜甫的五律《望岳》就是其中之一，诗中那"一览众山小"的境界是令人神往的，只有攀登到绝顶，才能领略到无限风光。今天，我们学习李健吾同志的《雨中登泰山》一课，请作者当向导，带领我们去攀登、游览那高耸雄伟的泰山吧。

于老师起伏有致的导语，先声夺人，激发起学生强烈的感情和丰富的想象，开始就形成一个波峰。

接着，改用导游式的语言，放慢语速，提出问题。学生静思，快速阅读课文，寻求问题答案，这样形成一个波谷。再巧妙过渡："一路行来，从一天门到二天门，沿途见到哪些奇景？"使两个环节衔接自然紧凑。

当学生总结前文以后，她又一次引导学生："会当凌绝顶，一览众山小。绝顶又是怎样的风光呢？让我们带着胜利的喜悦，来欣赏这仙境般的美景，请同学们抓住特征，介绍二三美景。"马上就有学生抢先回答，引起全班学生的欢声笑语，把课堂气氛推向高潮。[1]

这样，于漪老师富有节奏的语言，调动了学生思维的积极性，不断把学生的情感和思路引向纵深，让学生在阅读课文的同时，还体验到审美情趣，获得审美享受。

我们再来看特级教师王崧舟老师执教《一夜的工作》一课的片断：

师：只有这样的阅读才叫审阅，但是同学们，总理这样审阅的仅仅是这样一份文件吗？第一组同学准备

师：夜幕降临，华灯初上，我们的总理坐在不大的写字台前，打开了他今晚要审阅的文件，只见他——（生接读）

师：夜很深了，只是时钟"嘀嗒嘀嗒"走动的声音，总理坐在办公桌前，继续审阅文件，只见他——（第二组接读）

师：夜更深了，人们都进入了甜美的梦乡，而我们的总理依然坐在办公桌前。只见他——（第三组接读）

师：东方发白，夜色阑珊，总理坐在办公桌前审阅最后一份文件，只见他——（第四组接读）

师：这一夜他休息过吗？睡过觉吗？他连打一个盹儿也没有。同学们，这一叠厚厚的文件，摆在总理的面前，重大的问题，棘手的问题，急迫的问题，需要总理去思考，需要总理决定。你说，总理的一夜简单吗？你说他会想到什么问题，他会思索什么文件？（出示一段话，师范读："夜很静，周总理一句一句地审阅着文件，那不是普通的浏览，而是一边看一边在思索，他想着_____。"）请你把他想的写下来。

（生写话）[2]

---

[1] 韩继磊. 语文课堂教学的节奏美 [J]. 当代教育科学，2003（11）：58-59.

[2] 谭亚西. 要用"两只眼睛"读课文：由王崧舟教学《一夜的工作》想到的 [J]. 新课程研究（基础教育），2006（10）：38-39.

这里，王老师用节奏不断变化的语言，引导学生层层深入，进入课文情境，最后动笔去写。

其实，停顿和语速也能形成语言的节奏。汉语中，节奏大多以 4 至 7 个音节为气息单位，也是节奏的基本单位。过长的句子，句意不能完全进入学生的意识，学生的注意力就会分散。

教学语言的节奏，是在对比度的调节中形成的。"大弦嘈嘈如急雨，小弦切切如私语。嘈嘈切切错杂弹，大珠小珠落玉盘。"没有高就没有低，没有快就没有慢，没有刚就没有柔。讲课时，句子的松紧、声音的起伏、语速的疾徐、语势的强弱，都要根据表情达意的需要而有所变化。

有的教师上课时迂缓拖沓，似老牛拉破车，学生无精打采；有的教师又急如骤雨，似机关枪，学生只能干瞪眼；有的教师则是前松后紧，虎头蛇尾草率收兵，或者前紧后松，造成一大堆夹生饭。而有经验的教师上课，语言或环环相扣、层层递进，或铺叙渲染、条分缕析，或跌宕起伏、停连交错，总之，形成"波浪形"的节奏。

（五）语 速

语速是指说话人发音的长短和整个口语表达进展的快慢。通俗地说，就是单位时间里吐字的多少。

教学语言的速度一般应略慢于生活语言的速度，一分钟大约是 170 至 180 个音节。语速要根据表达的内容、情感而定，不能随心所欲。一般来说，表现激动、兴奋、喜悦、愤怒时可用快速，表现悲伤、沉郁、爱慕、思索之情时可以缓慢一些。歌颂英雄人物，铿锵有声；描绘战斗场面，激昂慷慨；倾诉失败与受辱，如泣如诉；叙述历史过程，疾徐得当。若几十分钟的课堂语言始终是同样的语速，那岂不像和尚念经，语言便成为疲劳素、催眠剂。

除此以外，语速还要因年龄、个性、年级不同而有快慢的变化。给小学生上课，语速宜稍慢，若上课对象是大、中学生，语速则应稍快。

教学有时空性，即在规定时间内，于指定地点完成教学计划预定的教学内容。若掌握了语速，也就能控制时间。辛辛苦苦的拖堂，会给学生带来消极的心理效应。

教学过程中，教师语调的抑扬顿挫、语速的快慢交叠伴随着感情的起伏，能令学生的大脑皮层不断产生兴奋，引起学生丰富的联想和强烈的感情共鸣。实践中，说话速度要根据讲课内容和学生情况而定。语言的快慢必须和教学内容本身相一致。如果是一堂课的开始，因为学生课间休息，精神松弛，有的没有很好预习、复习，害怕老师提问而精神紧张。此时，教师无论是复习旧课，还是导入新课，课堂语言都宜慢，就像汽车轮船刚刚启动，有一个逐渐导入轨道航向的过程。当学生情绪已调动起来，思维进入正常轨道时，语言和教学进度可逐渐加快。当学习教材的重点和难点时，由于这些内容输入学生大脑需要有一个处理转换过程，这时的语言又宜慢不宜快。

对重点、难点内容要缓慢地讲，让学生有回味咀嚼的过程，使学生加深印象。但老师如果课堂上讲课节奏太慢，学生的注意力会很容易下降，学习热情也会冷淡下来。因此，适当的讲课速度能使学生在教学节奏中把握最重要的东西。如果一律用同等速度平铺直叙，那就会机械呆板，使学生一片茫然，不得要领。

我们来看这位老师在教《孔乙己》时，是怎样利用语言节奏来进行教学的：

师：这么一个不属于任何群体的边缘人，是否跟别人没有任何关联了？

生：文中第九小节这样写道："孔乙己是这样的使人快活。"说明他还是和别人有关联的。

师：能从文中找到"这样"的具体表现吗？

生1：第四小节，满口之乎者也……他说窃书不能算偷，大家都笑了。

生2：大家说孔乙己捞不到半个秀才时，店内充满了快活的空气。

生3：孔乙己和邻居孩子之间的"多乎哉？不多也"，也都是笑声。

生4：第十一小节，孔乙己说："跌断，跌，跌……"大家便哄笑。

师：静下来，让我们想一想，这些真的好笑吗？如果我们就是孔乙己，考不上秀才举人，可笑吗？没钱不能多给孩子茴香豆，可笑吗？没钱只能去偷书，可笑吗？被丁举人打折了腿，可笑吗……让我们觉得可笑的分别是孔乙己的哪些行为和表现？

老师在第四位学生答完之后，很快进行了调整。她放慢语速："静下来，让我们想一想，这些真的好笑吗？"然后运用几个排比的句式加快语速，连续追问，引发学生思考，把学生的思路引导到正确的轨道上。

我们再继续来看这位老师的教学片断：

师：孔乙己的确死了，在一个漆黑的夜晚，当老师再读这篇文章的时候，内心感到无比的痛苦，孔乙己他存在过吗？

（大屏幕呈现下述文字，教师配乐朗读）

春天已经来临了，孔乙己也的确死了，死在那个被冷落的墙角。听说，他死时还不停地唠叨着："人固有一死。"的确，这一次他真的死了，死在人们的唾弃和冷眼中，死在这个春天已经来临的季节。

孔乙己被几个收拾垃圾的人草草地葬了。没有墓碑，因为他无名无姓；没有吊客，因为他无亲无故。

草，已长满了这座荒墓，永远不会有人知道这里面有一个人，他是谁。

这里，老师用沉重而又缓慢的语速朗读这段文字，再现了那个抛弃于社会底层，生活穷困潦倒，最终被强大的黑暗势力所吞没的读书人孔乙己的形象。突出了作者对封建社会的世态炎凉、人们冷漠麻木的精神状态以及社会对不幸者的冷酷的病态社会的批判这一主题，收到了很好的教学效果。

特级教师王崧舟在教《长相思》一课时，不仅自己注意教学语言的节奏和语速，还在教学中对学生进行正确的指导：

师：同学们，在王安石的眼中啊，乡愁是那一片吹绿了家乡的徐徐春风。而到了张继的笔下，乡愁又成了那一封写了又拆，拆了又写的家书。那么在纳兰性德的眼中，乡愁又是什么呢？请大家打开课本，自由朗读《长相思》

这首词。注意：仔仔细细地读上四遍。读前两遍的时候注意词当中的生字和多音字，争取把它念得字正腔圆。读后两遍的时候，争取把它念通顺，注意词句内部的停顿，明白吗？好，自由读《长相思》，开始。

（学生在齐读）

师：按自己的速度和节奏读。

（学生放声自由朗读，教师在一旁巡视，了解学生的读书情况）

（师出示课件《长相思》）

师：好，谁来读一读《长相思》。来，孩子。其他同学注意听，这首词当中的一个生字和一个多音字，听他有没有念错。

（学生朗读）

师：读得字正腔圆，真好。"风一更"这个"更"字是个多音字。"聒碎乡心"的"聒"是个生字，他都念准了。来！我们一起读一读"风一更，雪一更，聒碎乡心梦不成。"预备起！

（生跟着读一遍，教师又读一遍，带一点感情，学生跟着又读一遍）

师：真好，谁再来读一读《长相思》。其他同学听，特别注意听词句的中间，她是怎么停顿的，读得是不是有板有眼，听清楚吗？好，开始。

（学生朗读）

师：真好，你们有没有注意到这位同学在读"身向榆关那畔行"的时候，哪个地方停顿了一下？

生：她在"身向榆关"的后面停顿了。

师：你还有没有注意到她在读"夜升千帐灯"的时候哪个地方又停顿了一下？

生：她在"夜升"后面停顿了一下。

师：真好，你们都听出来了吗？对！这叫读得有板有眼。我们读这两句词"身向榆关那畔行，夜升千帐灯"。预备起！

（学生齐读）

师：再来一遍："身向榆关那畔行，夜升千帐灯"（有感情地读），读。

师：真好！同学们，读古代的诗词，我们不但要把它读正确，读得有节奏，而且要尽可能读出它的味道来。比如《长相思》这个题目我们可以有许多读法，有的读"长相思"（语调平平），有"长"的味道吗？有"相思"的感觉吗？比如你这样念"长——相——思"（充满感情）有感觉吗？有味道吗？

生齐答：有味道，有感觉。[1]

这里，王老师在教学中，正确地指导学生读出语气、读出节奏、读准语调、读准语速。

（六）音　量

音量又称响度、音强，是指人耳对所听到的声音大小强弱的主观感受。音量的高低是以人的听觉程度来衡量的。响亮的教学语言使学生听课不吃力，不用支棱起耳朵。但始终是高八度的"吼叫"，如雷贯耳，超过发声器官的极限，发音反而不清晰，既损伤教师的嗓子，又使学生听不真切，容易造成疲劳，甚至心烦意乱。当然，声音也不宜过低。声音过低，有气无力，像蚊子叫一般，学生拉长脖子竖起耳朵也难听清楚，振奋不起精神，同样容易疲劳。如果要用低音处理，也应低而不虚，沉而不浊。

此外，声音不宜平直。心理学研究表明，人的大脑如果一直接受单调的信号，容易进入抑制状态，信号适当变换，才能使它的感受力保持旺盛和新鲜。因此教学口语的语音应该是高低起伏、长短交叠、抑扬顿挫的。

音量的适度，决定于最适宜的发音区，通常在一个八度左右的音域内讲话，比较自然。教师一定要了解自己最适宜的发音区，并根据教学空间的大小，有效地控制、调节教学语言音量与音高，做到声声出口，句句入耳，前排听了不觉震耳，后排听了不觉吃力，防止出现"被遗忘的角落"。

在课堂教学中，音量也不是固定不变的。如朗读苏轼的词"大江东去，

---

[1] 王崧舟."见"到一种诗的境界：《长相思》教学实录 [J]. 小学语文教学，2011（3）：38-41.

浪淘尽，千古风流人物"时，音量要大些，而朗读柳永的词"多情自古伤离别，更那堪冷落清秋节"时，音量则应相对低一些。

教学中，不是声音越大越好，而需要适度。教师要时刻关注自己说话的音量，关注自己的情绪状态对声音的影响。在教学中，不妨经常听听自己的声音，有意识地做个检查，看看自己说话时的音量是否适度。有时，教师越安静，学生就越安静。当把音量降低一半时，也许你会吃惊地发现，原来自己可以如此轻声地说话，而且学生们都能听得清清楚楚。当然，对于那种兴奋过度或者喋喋不休的班级，教师有时突然提高音量，可以造成强烈的冲击效果，从而使学生安静下来。但日常的教育教学行为中，教师要把握好自己的音量，避免对学生大喊大叫，这样既是尊重自己，也是尊重学生，如果你感觉自己的情绪开始激动，请暂停片刻，待恢复自控后再继续讲话。

有时，用轻轻的声音说话，更能收到理想的效果。

一次，在一个幼儿园的自由活动中，由于孩子们吵闹，年轻老师一直努力地用高过学生的声音来提醒他们放低音量、认真听，但这样每次只安静几分钟，教室中的吵闹声又卷土重来。在其他几个环节中，由于总有孩子思想开小差，所以老师不得不放大音量，不断地对孩子们提出要求，这样几次以后，开小差说废话的孩子反而变多了。

这情境被一位有经验的老教师看到，她夸奖年轻老师的敬业精神，同时也告诉她，作为教师虽然不可避免地要说很多话，但要学会科学地使用自己的声音，要学会用语言来吸引孩子，而不是仅仅靠大嗓门。语言是门艺术，面对天真可爱的孩子，幼儿教师要能够吸引孩子，使他们认真倾听、积极互动，施展自己的语言魅力。于是，这位年轻的老师开始探索合理地使用自己的声音。

一天中午，孩子们吃完午饭后在阳光下搭建着积木。突然，老师一声"收积木"的口令，孩子们就习惯性地将搭建好的积木造型一把推倒，收起了积木。在一片吵闹声中，这位老师将孩子们领到了寝室门口，组织孩子们准备进寝室睡觉。可部分孩子还沉静在玩积木的兴奋中，老师就大声地阻止。这时，老师发现里面安静的孩子似乎也被她的大声说话带动了，也开始说个不停。她发现自己的失误后，停了一下，然后轻轻地走到说话的孩子面前，用眼神提醒他不要说话。接着又小声地向所有幼儿提要求："有什么需要老师帮忙的，请举手。"奇迹出现了，孩子们反而开始安安静静地脱衣服准备睡觉了。等到孩子们安静地躺到床上，老师用轻柔的声音讲起了《女娲造人》的故事。孩子们听得很认真，在故事中慢慢地睡着了。

（七）语　音

普通话是中华人民共和国的通用语言，也是教师的职业语言。教师要讲标准的普通话，这不仅是语言规范的要求，同时是语言审美的要求。普通话的清声母多，没有辅音连用的情况，声母与元音组合，干脆利落。普通话韵母以元音为主，开口音居多，发音响亮，复韵母由两个或三个元音构成，动程明显，中间没有辅音阻隔，声音连贯清脆。普通话声调高平曲直，富于变化，以中高调值为主，响亮悦耳，加之音节间隔清楚，节律性强。语流轻重分明，语气活泼，听起来抑扬顿挫，令人愉悦，具有很高的文化价值和审美价值。讲一口标准、流利的普通话，是一名教师文化修养的体现，也是教师口语美的基本前提。

语音是语言的外在表现形式，是口语交流的第一要素。教师语言首先必须符合普通话的语音规范。如果教师用方言土语进行讲课，教学语言的美感必定荡然无存，还会给学生的学习带来困难，有时甚至会闹出笑话。

有位教师是老广东人。他介绍陕北风土人情时说，在黄土高原，人们都住在"妖洞"里。学生大吃一惊，莫非那里的人变成了"妖精"？原来是这位教师把"窑洞"说成了"妖洞"。

还有一个非常经典的关于"小肚皮"的故事。有位上海的幼儿园老师说不好普通话，有一次，她想请小朋友们把带来的图片拿出来，结果却把"图片"说成了"肚皮"，天真、稚气的小朋友都撩起自己的上衣，把一个个小肚皮呈现在老师面前。

这样的例子比比皆是。上海教师讲课，把"典型"说成"电影"；广东教师讲课，把"私有制"说成"西游记"；湖南教师讲课，把"图画"说成"头发"；潮州教师讲课，把"青年"说成"亲娘"；温州教师讲课，把"机遇"说成"妓女"……

教师的语言行为具有示范性。目前在各级各类学校里，用方言土语作为教学语言的现象十分普遍。有相当多的教师不能说好普通话，不能给学生以示范，甚至还有部分教师对语言的规范化和标准化缺乏正确的认识，这样定会影响教学质量。

作为一名教师，必须学好普通话基础知识，了解普通话声、韵、调体系，系统地掌握《汉语拼音方案》，熟练地发准普通话声母、韵母、声调，读准每个字音，了解音变规律，掌握发声方法，尽力做到语音纯正、口齿清晰、字正腔圆。

目前，在全国范围内开展了普通话水平测试工作，相信在这方面有欠缺的教师会抓住这个机会，不断练习，努力提高自身的普通话水平。

五、体态语言

体态语言，又称"肢体语言""态势语""动作语言"等，是人际交往中用身体动作来表达情感、交流信息、说明意向的一种传情达意的方式。包括姿态、手势、面部表情和其他非语言手段，如点头、摇头、挥手、眼神等。它是由人的面部表情、身体姿势、肢体动作和体位变化而构成的一个图像符号系统，常被认为是辨别说话人内心世界的主要根据，是人们在长期交际中形成的一种约定俗成的自然符号。

陈望道先生在《修辞学发凡》中强调：语言含有声音语、文字语和态势语三种。美国心理学家阿尔培根则在一系列实验的基础上得出人的信息由三个方面组成：55％的体语加38％的声调加7％的言辞。这就是说，"人体语言"占整个信息表达量的一半以上。

在重大场合中，政治家都配以高雅得体的体态语言来表达自己的思想。这是一个关于列宁运用体态语言的故事：

起义的工人和士兵攻占了冬宫之后。列宁快步登上讲台，面向台下的听众，此时他的神态完全像一位交响乐队的指挥，他上身稍向前，侧耳倾听胜利的呼声，当他认为全场的情绪已达到理想化的程度时，他挺胸向前，右手臂向左又向右用力伸出，沸腾的冬宫霎时鸦雀无声，这时列宁开始演讲……

有人曾经评论列宁的手势犹如强有力的磁石，魔术般地吸引着听众。我们也难忘毛泽东赴重庆谈判登机时那一个用力的挥手，如今它已经成为历史的定格。

教师在讲课过程中，除了运用有声语言外，也需要借助于一些表情、手势、动作等无声语言的表达，来补充有声语言的不足，传递特定的知识信息，以帮助学生加深印象；也通过优雅得体的体态语言，在学生面前塑造教师的光辉形象。试想，一名具备渊博学识的教师，如果能在一举手一投足之间体现出优雅的风度，那么，他在那些"追星"的学生心中又何尝不是一个耀眼的明星呢？

可以说，人体就像一个信息发射站。在教学过程中，教师的一颦一笑始终伴随着他的有声语言，发送着各种信息。教师的一个微小动作，如果在生活中，人们可能不会留意，但在课堂上，则会非常明显地显露在每一个学生面前，成为一种明确的信息符号，形成传递某种信息的标志。所以，万万不能忽视体态语言在教学中的作用。

如果说，学生在课堂上仅仅以听觉来获取外部信息的话，那毕竟是有限的。有时可能略显抽象甚至模糊，而一旦有了副语言的"加盟"，教师的描述就会变得生动形象、具体可感，教学效果的提高也就不言而喻了。相反，如果教师体势呆板，一方面有损于教师的形象和威信，另一方面不利于集中学生在课堂内的注意力，不利于保持教师对学生的吸引力。

著名特级教师斯霞老师教小学生用"饱满"一词造句。学生只会用植物一类的词语进行练习，如"豆荚长得饱满"等。这时，老师忽然走近教室门口，然后转过身来，胸脯略微挺了一挺，头稍稍扬了一扬，两眼炯炯有神，问道:"大家看看,老师今天的精神怎样?"同学们异口同声地回答:"老师精神饱满。"这位老师很有效地利用了副语言,向学生做了心理暗示,收到了极佳的教学效果。

亚米契斯在《爱的教育》一书里写道:"我一想起那个长着红色卷发、总是向我们微笑的老师再也不能和我们在一起,我就觉得学校也不像从前那样有意思了。"从中我们可以感受到,体态语言在教学中起着怎样举足轻重的作用啊!

有人说:"一流教师用眼神组织课堂教学,二流教师用语言,三流教师用惩罚。"当然,体态语言的运用,要从表达的内容出发,与教学内容、课堂气氛、教学情境相协调一致,切忌故作姿态、哗众取宠、喧宾夺主。

在教学过程中,体态语言与有声语言同样重要。体态语言直接作用于人们的视觉器官,所以教师在课堂上的一举手、一投足、一颦一笑都会被学生看在眼里,它所传达的特定含义,体现的特定情感,都会给学生留下非常深刻的印象。教师的一举一动,都会对学生起到潜移默化的作用。恰当的体态语言,会使学生从中得到肯定、理解、鼓励、信任,从而收到良好的教学效果。

教师的体态语言在课堂上的重要性无可替代,既可以传达信息、交流情感;有时还能代替有声语言,节约课堂教学时间,又能树立良好的教师形象,融洽师生之间的感情。

课堂教学中教师运用的体态语言主要有:表情语言、手势语言、身姿语言、距离语言、服饰语言等。

(一) 表情语言

表情语言包括眼神和面部表情两个部分。有人说表情是"心灵的屏幕",人的面部表情是最为丰富的。研究认为,人的表情大约有 25 万种,主要集中在眉、眼、嘴、鼻等器官的变化上。

面部表情是天生的,也是可以通过后天习得的。在面部表情中,最生动、最复杂、最有表现力的当属眼神了。眼睛是人体发射信息最重要的部分。据现代科学统计，利用目光，人类就能交换几千种信息。

当我们遗憾于安徒生笔下那美丽善良的小人鱼不会说话的时候，我们也庆幸于她有一双会说话的眼睛，是那双美丽的眼睛向王子表明了她真挚的内心情感。这不由地让人想起几句诗来："眼睛是心灵的窗户，不会隐瞒更不会说谎，愤怒飞溅火花，哀伤倾泻泪雨，它给笑声镀一层明亮的闪光。"

是啊，眼睛凝聚着一个人的神韵气质，毫不掩饰地展现你的学识、品性、情操、趣味和审美观。明澈的眼神展示着你博大的心胸；狡黠的眼神映出你虚伪的灵魂；执着的眼神表明你心怀高远；浮动的眼神证明着你轻薄的为人。也许衰败的灵魂恰沉睡于流盼的美目中，也许高贵的气质倒来自于你最为寻常的眼睛。

刘鹗在他的小说《老残游记》里这样描写艺人王小玉上台说唱：

……她将鼓锤子轻轻地点了两下，方抬起头来，向台下一盼。那双眼睛如秋水、如寒星、如宝珠、如白水银里头养着两丸黑水银，左右一顾、一看，连那坐在远远墙角里的人都觉得她看见自己了。那坐得近的，更不必说。就这一眼，满园子里便鸦雀无声，比皇帝出来还要静悄得多呢，连一根针掉在地上，都听得见响。

在课堂上，教师可以通过自己的眼神来实施对教学过程的调控与管理。教师在讲台前说话，两眼应略向下平视，目光自然、亲切、专注；与学生谈话，视线应接触学生的脸部，而且接触的时间大概占全部谈话时间的30%至60%。

平时，有经验的教师走进教室后，先用目光扫视一遍全班学生，这样既能检查学生的出勤率，又能较快地集中大家的注意力。刚踏上工作岗位的年轻教师往往不注意这个问题，有的教师回避学生的目光、有的教师目光闪烁不定，不懂得用眼神去加强与学生的交流。

讲课时，教师不要忘了把全班同学都置于自己的视幅之中，用环视表示对每个学生的关注，让全体学生都感到老师是在对着他讲课。当然有时，教师也应用目光注视某一个学生，并与其目光进行交流，让他得到一种受人尊重的满足感。

确实，眼神在师生交流思想、传递感情的过程中起着语言所无法替代的作用。当课堂秩序涣散时，教师可双眼微睁、双唇紧闭，用严肃的表情显示教师的威严。当个别学生思想开小差时，教师可突然中止讲课，目视这个学生；或者边讲边走到其身旁，既可制止他的不适当行为，又不破坏课堂气氛，中断其他学生思路，同时还维护了这个学生的自尊心。

著名作家魏巍在《我的老师》中这样写道："她从来不打骂我们。仅仅有一次，她的教鞭好像要落下来，我用石板一迎，教鞭轻轻地敲在石板边上，大伙儿笑了，她也笑了。"这一笑，在魏巍的心中藏了多少年哪！

培根说，"含蓄的微笑，往往比口若悬河更为可贵"。微笑是一种世界通用语，而且是世上最有魅力的语言。教师走进课堂时神采奕奕、面带微笑，愉快的情绪有利于学生精神集中、思维灵活、记忆迅速。讲课时，一个赞许的微笑、一个鼓励的目光，会使学生产生被重视感，提高自信心。

课堂上，教师令人愉悦的表情，能使师生之间消除隔阂，建立深厚的感情。教师发自心底的微笑和激励的目光，能增强亲和力，增进师生间的感情，是赢得学生爱戴和信任的砝码。

小肖老师执教九年级，她的班级里有个叫杨刚的男同学常常拖欠作业。为此，被她批评已成了家常便饭，但杨刚的作业情况却没有真正改观。一天，组长又向她汇报杨刚的老毛病，她一听火气就上来了，准备摆开阵势再狠狠地训斥他一顿。可转念一想，哪次不是这样批评？可效果又怎样呢？于是，她准备换个方法，来个"以柔克刚"。她抑制住怒火，用平静的声音把他叫了出来。

杨刚小心翼翼地来到她的面前，像往常一样低着头一声不吭。"孩子，看着我！"小肖老师轻轻地说，一会儿，杨刚缓缓地抬起头，却不敢正视小肖老师的眼睛。"杨刚，你昨天的作业都完成了，对吧？真好！"说着，小肖老师露出了满意的笑容，而他的表情却写满了惊讶。"跟我说说，你为什么有的时候完成得那么好，有的时候又不想写了呢？没事，怎么想就怎么说，老师保证不批评你，其实爱玩本来就是孩子的天性嘛。"小肖老师摸了摸杨刚的头，又温和地笑了笑。杨刚认真地看着小肖老师的笑容，确定她不会训斥他，便说出了实情。

原来杨刚特别喜欢画画，每天放学后都要去参加校外美术班，每次回家都要画好久才能完成一次美术的作业，结果就来不及赶写学校的作业了，可又不敢告诉老师，怕老师批评。小肖老师听后笑了："爱画画，好啊！我们班出黑板报不愁没人了！我更喜欢你的诚实，敢说实话！不过，咱们约定时间，平时画画每天不要超过半小时，双休日可作为你的'工作日'，你还可以把自己的劳动成果带来和同学分享，如何？""真的？"杨刚脸上写满了兴奋。"当然，不过，你得保证每天认真完成作业，如果坚持一星期，那我就让你参加出黑板报！"小肖老师依然保持着灿烂的笑脸。杨刚激动地拍着胸脯向她保证。师生之间的谈话虽然只有几分钟，但从那以后，他爱上画画之外也养成了自觉完成作业的好习惯，成绩提高了，在校书画比赛中还获了奖，班上的黑板报也在他的协助下获奖了。

一个和蔼的笑容，虽仅有几秒，却能让孩子们感到老师的爱。这样，还愁什么"金石不开"呢？一个表情语言丰富的教师，能教出千千万万个爱微笑的学生。微笑能帮助学生增强克服困难的勇气，能给学生带来更多的灵感，还能培养学生乐观的学习心态。

表情语言是体态语言中最基本的一种，可以把某些难以用语言表达的微妙复杂的内心情感表露出来。教学中，教师要让自己的内心活动与外在表情相一致，避免言行不一。面部表情要尽可能温和而亲切，这样能缩短师生之间的心理距离，促发学生的思维，使学生更好地进入学习状态之中。假如教师一脸冷漠，学生会产生惧怕心理，思维会受到阻碍，师生间不易产生感情交流。当然，教师的表情须讲究分寸，要做到不温不火、适可而止。

（二）手势语言

手势语言，即教师通过手的动作与姿势来传递情感、组织教学的一种体态语言。教师的手势语言主要是通过手掌、手指、拳头、手臂以及手与其他官能和部位的配合运用来完成。研究表明，手势与表情结合，可传导信息的40％。手势作为口语表达的辅助手段，常常是在说话人说出某句话，而这句话又需要增强表现力的一瞬间才能做出来的。

手势语言不但是有声语言的辅助手段，而且还能单独起到表情达意的作用。

吴敬梓在《儒林外史》中写吝啬鬼严监生临死前看到点着两根灯草还怕费油，伸出两个指头不能断气，后来他老婆猜出了他的意思，把一根灯草掐灭了，他才断了气。这就是手势语言的表意作用。

在课堂上，教师经常用教鞭、手掌或食指来指示板书或挂图，这种使用最频繁的是指示性手势，它比较容易掌握，只要位置和方向准确即可。一般说到"你""我""他""这里""那里""上面""下面"时，常用手指点一下，当涉及"第一""第二"等顺序时，也常做手势，将信息传递得更准确、更鲜明、更强烈。

有时，教师要对物体形状或空间关系进行描绘，就需要比比画画，这是描绘性手势，运用时应尽量明确、简练，突出示意性。如有位老师讲《孔乙己》时，用手势表明孔乙己第一次"排"出九文大钱、最后一次"摸"出四文大钱的动作，使学生很快地把握了作品内容。

低年级的英语课上，老师对学生讲"I don't know"时，边说边摆手；讲"I think"时，偏着头，做出冥思苦想的样子，学生便很快理解了意思。讲"catch"时，顺手扔一本书给学生，叫他"catch"，学生就明白是"接住"，再紧接着说"Can you catch my meaning?"，告诉学生这个单词还有"理解、领会"之意。在讲清"go to sleep"与"be asleep"的区别时，教师先往前走，然后身子后仰并双手抱后脑勺，说"I go to sleep"，最后闭上眼睛作鼾声，说"I am asleep"。这样，学生就能理解前者强调动作，后者强调状态。

有位语文教师在上《大堰河——我的保姆》一课时，一边读着"你用你厚大的手掌把我抱在怀里，抚摸我"的诗句，一边用象形手势做抱在怀里抚摸着的情状，动情的声音、恰当的动作，再加上合适的表情，学生深切地感受了诗人对大堰河与大堰河对乳儿的爱。

还有位语文教师教李乐薇的散文《我的空中楼阁》，当讲到"山如眉黛小屋恰似眉梢的痣一点"时，很自然地把手探向眉毛处，让学生对"山如眉黛"有了形象生动的印象。此时，教师的手势语言很好地体现了意义性，准确而又生动。当讲到"我出外，小屋是我快乐的起点；我归来，小屋是我幸福的终点"时，教师的手势指向心窝处，传递出一种温暖和幸福，与文章表现的主旨相得益彰。

在学习直线和射线的时候，怎样让学生把两个概念之间定义的区别弄得一清二楚，并在自己遇到问题时不混淆，进行独立思考？一位数学教师在备课时抓住"端点""延伸"两个关键词，运用身体语言表达：用一只手臂平直伸开表示射线，指尖向前无限延伸，身体表示一端端点。同样用两只手臂平直伸开表示直线，指尖两边无限延伸。这样既形象又直观的表示，一方面使学生快速地理解了两个抽象的定义，另一方面让学生在轻松愉快的体验中掌握了新知。这位教师合理地发挥了身体语言的无声艺术作用，弥补了有声语言的不足，起到了润物无声的作用。

还有一种调动学生注意力、控制课堂气氛的启动性手势。比如，将右手举到脸前，食指向上伸出，表示提醒学生注意等。

总之，手势要大小适度、自然亲切、恰当适时、简洁准确，不要繁多杂乱、生硬造作。手势应发自内心，做到手随心行。抓耳挠腮、手沾唾液翻书、用手指或板擦敲击讲台，伸出手指对学生指指点点等不良手势都是应该避免的。

（三）身姿语言

身姿语言，是指通过手臂以外的身体躯干的动作，来传情达意的一种体态语言。它包括了头、胸、腹、腰、背、肩、腿和脚的动作。包括站姿、坐姿、行姿等。

　　教师在课堂上应表现出优美、自然的站姿，给学生一种正直挺拔的感受。站姿主要有自然式和前进式。前者要求两脚基本平行，相距与肩同宽；后者要求两脚一前一后，相距适中。无论哪一种站姿，都应保持重心均衡。千万不能左摇右晃、双腿抖动，否则会给学生造成轻率、傲慢的感觉。在上课时，教师通常是面对学生而站的，指点黑板时可侧面而站，板书时则可背向学生。

　　在讲课过程中，教师不可避免地要进行走动，这就涉及行姿。教师的课堂走动要做到不疾不徐、步速适中，以免分散学生的注意力。无论是站着还是走动，教师都应表现得精神饱满。

　　坐姿也是教师素养和个性的显现。据说林语堂讲课时身姿语言特别丰富，他从不正襟危坐，因为那样太累，他受不了。他一边滔滔不绝、口若悬河地讲着，一边在讲台上踱来踱去，有时就靠在讲台前讲。讲着讲着，一屁股就坐到了讲台上；有时也坐在椅子上讲，讲到兴浓处，得意忘形，情不自禁，居然会像家居那样，将两只穿着皮鞋的脚跷到讲台上。

　　这是大师的风格，自有其独特的魅力，但绝不是普通教师所该效仿的。若教师拖着沉重或懒散的步伐走上讲台，半倚半靠在讲台上时，他的身姿就传递给学生这样一种信息：我无法打起精神给你们上课。在这种信息暗示下，我们又怎能期待学生能精神抖擞地参与到教学过程中来呢？所以在通常情况下，教师虽不一定要"站如松、坐如钟、走如风"，却也应挺胸收腹，留给学生神采奕奕的印象。缩背拱肩、缩头缩脑、两手叉腰、趴伏于讲台之上都是应避免与克服的。

（四）距离语言

　　距离语言，是借助师生双方的空间距离及其变化来表达交往意图和关系程度的一种体态语言。师生交流时，总要各自占据一定的空间，相互保持一定的距离，这个距离虽然没有声音，却能像语言一样传递某种含义。

　　研究表明，人际距离是人际关系亲疏程度的一个重要标志，人们之间的关系与人在空间位置上保持的距离有着一定联系。美国人类学家爱德华·

蒂·霍尔教授提出了空间关系学，其在研究中把人际距离分为四个区域：亲密区、个人区、社交区和公共区。随着人际关系的逐步疏远，一般可接受的人际距离由 50 厘米以内、50～125 厘米、125～350 厘米、350～750 厘米递增。

在课堂教学中，教师主要可在个人区和公共区内与学生接触。为了达到不同的目的，教师在课堂中也可不断变换空间位置。如课堂上有位同学正低头看小说，老师发现后并没有立即点名批评，而是边讲课边走近他身边。学生意识到错误后，自觉收起小说书。课后，老师再找这位学生个别谈心，让其认识到自己的错误。这样，既没有打乱正常的教学秩序，同时又给犯错误的同学一个无声的警告，起到了此处无声胜有声的效果。

在课堂上，有经验的教师不是固定地站在教室的某一地方，而是很自然地通过自身的一些位置变换，来保持学生注意的连贯性。教师面向全体学生讲课，与他们保持的是一种公众距离；有目的地接近某个学生，则与他保持了个体距离；像上述学生做小动作，教师走近他身边，则是形成了一种密接距离。

讲台前的空间是教师向学生施加教育影响的主要场所，是教师的"领地"，这一空间存在着对于学生位置的优势。因此，教师站在那里保持相对静止的讲课姿势，正好与这一环境氛围构成一个整体，但也给学生心理上以一种胁迫感、紧张感，它无形中拉大了师生间的心理距离。这种影响对小学生特别大，因为他们注意的品质还没有发展完善，缺少较强的自控能力，如果教师体势呆板，学生就很容易产生疲劳。目前有个别学校废除了讲台，倒也不失为一项好举措。

讲课时，教师的站位以讲台中央为主，但应根据教学需要适当变换。有时为了让学生注意大部分板书，教师就站到讲台的一侧；有时为了启发学生思考，教师可走下讲台，或站在前排座位的走廊中，或走近后排学生。这时，教师的身体位置降低了，在无形中，也拉近了与学生的心理距离。学生分神时，教师走近，会收到提醒的功效。但若教师总站在学生身边，对胆小的学生势必造成压力，阻碍智力的正常发挥。当与学生进行个别交谈时，空间距离要适中，对年龄较大的学生尤其是异性学生，空间距离不可太近。

其实，学生对老师和自己保持多大距离十分敏感，抱有强烈的接近欲望。尤其是后进生，往往对老师怀有一种戒备心理，保持着较大的心理距离，行为上表现出等待和观望。教师应主动缩短与他们的距离，和对班干部、学习成绩好的同学一样保持"等距离"，使他们感受到平等，从而激发出上进心。

总之，教师的一举一动应表现得自然、得体，有些位置变化看起来似是无意，实则包含着课堂管理意图。

（五）服饰语言

服饰语言，主要是指教师的发型、装饰、衣着等方面，与教师的性格、气质、品质、文化修养等密切相关。"教师是学生的一面镜子"，服饰语言也是教师综合素质与个性情感的外在表现，对学生起着示范作用。

我国近代著名教育家蔡元培先生，每次去学校给师生讲话或上课，必要换上浆洗得十分清爽的衣服，系好纽扣后，还要对着穿衣镜整一下容。进入教室前，也要习惯地整一整衣装，再从容地走上讲台。

教师是学识和教养的化身。端庄的仪态，优雅的风度，得体的着装，不仅能给学生留下美好印象，而且有助于教育的成功。因此，课堂上，教师的仪表要整洁大方、庄重典雅，给学生以朴素自然之美。过于花哨的打扮会分散学生的注意力，引起学生视觉疲劳，甚至会使教学任务难以完成。如果不修边幅、邋遢肮脏，衣服皱皱巴巴或过分暴露，都会引起学生的反感。

教师服饰对学生的注意力有很大影响。西方学者认为，在学生学习过程中，与正规教学本身相比，课堂上的非语言交际（包含服饰、肢体、环境等）作用要大很多。研究表明，在课堂上有效地运用非语言交际，通常情况下可以改善师生关系，并且提高学生的认知能力和学习效率。教师服饰的样式变化、色彩变化对学生课堂注意力也有影响作用。

由于教师职业的特殊性，教师着装既不能像军人那样整齐划一，也不能像演员那样装饰华丽。教师的着装应该既符合自己的职业要求，又具有相应的审美效果，不标新立异，不浓妆艳抹，不穿奇装异服。闪闪发光的金项链、摇摆不停的耳坠，非但无助于学生对知识的吸收，反而会分散学生的注意力，同时也显得浅薄俗气。

　　爱美之心人皆有之，教师要想穿着得体，必须对自身有一个正确认识和全面了解，要学会根据自己的特点搭配好服饰，塑造好形象。服装的款式、色调应与教师的年龄、气质等相协调。中老年教师成熟干练、庄重沉稳，宜选择款式大方雅致的服装，色彩宜选用高雅稳重的。青年教师性格活泼、富有朝气，服装款式可新颖大方，色调宜明快清爽。总之，教师的服饰应美而不俏、美而不俗，体现作为教育者应有的风貌。

六、教育用语

　　教育用语是对学生进行思想品德行为规范教育的工作用语。它同教学语言一样，是教师必备的基本功。教师可通过多种途径、采取多种方式对学生进行思想教育，但最常用、最便捷的仍是教育谈话。虽然身教重于言教，但从教师的实际工作来看，"言教"就其时间和数量来说，要超过"身教"许多倍。

　　教师的教育用语主要指的是教师在教育学生的活动及过程中使用的语言，如班会、晨会、午会，课上的语言，课外与学生的对话，家访时与家长及学生的对话等等。这些语言，或旨在使学生进一步提高思想道德品质，或旨在帮助学生养成良好的学习生活等行为习惯，或旨在让学生提高身体与心理健康水平等。值得注意的是，由于教学活动中始终贯穿着教育，因此教师的教育语言还大量地表现在各种教学场合。

　　教育用语应体现教师的教育理念和道德情操。俄国教育家苏霍姆林斯基曾说过："教师的语言，是什么东西也不可取代的感化学生心灵的一种手段。教育的艺术首先应当包括说话的艺术，即跟人的心灵打交道的艺术。我坚信，学校酿成大乱子的许多冲突，都含有教师不善于和学生谈话这个根源。教育的不文明现象常常表现于，一位教育者在用语言跟学生打交道时，往往只有两三个目的：允许、禁止、斥责。而一位教育行家在跟学生打交道时，却有许多目的，其中最常见的目的之一是阐明道德真理、概念、规范。"可以说，教育的成与败在很大程度上取决于教育语言的高下。

（一）教育用语的特点

教育的对象是人，因此教育是一项极其复杂的工作。之所以说教师是人类灵魂的工程师，就在于教师不仅给学生传授知识，而且还对学生进行方方面面的教育。

教育用语不仅是教师内在道德、情感世界和文明程度等综合素质的外在表现，更是教师实行育人功能、达成教育目的的基本工具。教师的教育语言及其效果，不仅为同行而且为社会广为关注。

教育用语除了具有语言的一般特性外，还有其自身特点。

1. 针对性

教育用语的针对性是指有的放矢、对症下药。教师要在充分了解有关情况、了解学生思想的前提下，来解剖事件矛盾、解决学生的困惑。一要因事而施言，要针对不同教育对象的年龄、个性、认知能力、道德水平等，或纵横捭阖，或娓娓道来。二要因人而施言，要充分利用时间、地点等因素，抓住教育谈话的最佳"火候"，赢得思想教育的主动权。此外，还要因时而施言、因地而施言。

教师教育学生的语言是极其复杂的艺术。有时，教育用语可以改变人的一生。教师的一句话，可以拯救一名学生，也可以毁灭一名学生。有的放矢的教育语言，能让学生心服口服，使心灵受到涤荡和净化；而讽刺挖苦带辱没性的教育言辞，则会使学生的心灵罩上阴影。正如特级教师于漪所言："教育语言发挥的作用往往能超越时空，在学生心中弹奏，经久不衰。"[1]

那些大而无当、不着边际的教育用语是不能解决实际问题的。例如："你

---

[1] 于漪.浅探教师语言的内在素质 [J].中学语文教学，1994（10）：8-11.

必须端正学习的态度!""你要对自己的前途负责!""你这样下去对谁有好处!""要向好同学看齐!"如果不从实际出发,万人一面,千人一腔,不看对象,不分场合,那又怎能期望收到事半功倍的效果呢?

比如有一名师范生去小学实习,执教《麻雀》一文。他很想借此文对学生进行一次教育。

教师:大家见过麻雀吗?

学生:见过。

教师:你们喜欢麻雀吗?

学生:喜欢。

教师:可是,麻雀有时候是令人讨厌的。比如你们上课爱讲话,老师就说:"怎么叽叽喳喳?像是一群讨厌的小麻雀……"

学生:(茫然或低头不语)

教师:好!今天我们就来学习一篇叫《麻雀》的课文。

在刚刚上课,同学们并未叽叽喳喳的时候,教师有没有必要这样借题发挥呢?这样的教育语言只会起到负面作用。

2. 诱导性

教育用语的诱导性是指循循善诱、启发引导。这是教育学生最有效的方法之一。这就要求教师掌握一定的方法,做到环环相扣、步步推进,言辞委婉得体,态度真诚耐心,使语言既悦耳又达心。

例如,一个同学丢了钱,班主任老师怀疑是另一个同学偷了,就找这个学生谈话。劈头第一句话就问:"你为什么偷别人的钱呢?"这个学生一听,火冒三丈,呼地站起来大声吼着:"你胡说,我不要你管!"扭头就冲出了办公室。

另一位班主任老师也碰到了班级失窃问题。他把有偷窃嫌疑的学生叫到操场上,两人边活动边说话。

"他丢了多少钱？"班主任漫不经心地问。

"50元。"学生不假思索地回答。

"你怎么知道的？"班主任趁机试探。

"……"学生被问得张口结舌。

这时，班主任心里有底了。

"拿别人的钱需要勇气，承认拿钱更需要勇气。"班主任斟酌地把"偷"说成"拿"。

学生羞红了脸，低下了头。

"你把钱交给我，我就说有人和他开玩笑，想吓他一下，这不就行了。"

学生从口袋里掏出一沓钞票："已经用去了两块五毛。"

"我替你补上。这次我给你保密，下不为例。"

"谢谢老师，我一辈子都不会忘记您对我的帮助。"学生羞愧地告别了班主任。

我们再来看一个案例：

李彤是一位比较特殊的孩子，他做什么事情都是慢吞吞的，好像在放慢镜头，班主任王老师一直很想改变他。

一天放学后，王老师去李彤家家访，到李彤家时，由于预先没打招呼，所以母子俩看见王老师有点意外，可是脸上堆满了笑容，一向慢节奏的李彤赶紧略带着羞涩给老师端椅子，还不好意思地招呼老师坐下。当王老师和李彤的妈妈交流他在学校的情况时，他走开了，不一会儿就端出了热气腾腾的茶来，王老师连声说不用客气，王老师本想和李彤妈妈交流，可他们母子俩又同时走了出去，王老师心里想：怎么搞的，李彤的妈妈不高兴吗？

一会儿，听到李彤的妈妈在喊："彤，把果盘拿来。"一眨眼工夫，一盘新鲜的水果端上来了。李彤的妈妈连声招呼老师吃水果，老师连连道谢，一再拒绝，李彤见老师有些客气，便不慌不忙地走到水果盘边精心挑选了两个又大又红的苹果，并把皮削掉了硬塞到老师手里，王老师顿时一股暖流涌上心头，平时对李彤教育的辛苦已烟过云消。

李彤坐在王老师的旁边，王老师抚摸着李彤的头高兴地说："孩子，其实你很快、很优秀"，没想孩子却很快地扭过头来感激地说："谢谢老师，以后我会加快速度，不管做什么事我都快一点，不让老师着急，请相信我吧！"王老师和他妈妈相视一笑说："我们都相信你，孩子加油！"

教育语言具有诱导作用，教师在教育过程中应该关注学生、了解学生，通过启发、引导的方式，由浅入深、由表及里、环环相扣、步步推进，让学生参与到分析问题和解决问题的实际过程中来。在对学生的教育过程中，教师要善于抓住问题的关键，创设情境，通过巧妙机智的话语，来引导学生积极思考，使学生或悟出道理，或加以反思，并自觉改正自己的言行。

教师在施教过程中充满智慧的话语，不仅能帮助学生在思想上取得进步，而且能发展学生的智能，提高学生的思辨力和分析问题、解决问题的能力。

3. 说理性

教育用语的说理性是指晓之以理，以理服人。摆事实、讲道理，是教育学生明辨是非、区分美丑的有效途径。教师要善于把握学生的心理，注意启发学生的道德情感，把严格要求和严肃批评寓于诚恳的引导之中。从说理性的教育语言中，同样可以看到一名教师的道德素质、思想水平和理论修养。

教师在对学生进行教育的过程中，要以理服人。以理服人是成功教育谈话的鲜明特点。教师应该把握学生心理，通过摆事实、讲道理的方式，耐心诚恳地对学生进行劝诫与引导，帮助他们分清善恶是非，决不能采取高压政策，或简单粗暴、或讽刺挖苦，这只会造成相反的教育效果。

为此，教师要重视说理内容的选择和加工，做到观点鲜明、理由充足、论证有力、措辞准确，让学生心服口服。

有位高中班主任针对班级学生学习不踏实的情况，是这样进行说理的：

你们是否听说过米兰·昆德拉写过的一部小说——《生命中不能承受之轻》，是啊，生命中最不可承受的便是一个"轻"字。生活得太轻了便失去了奋斗的目标和方向，一个人如果失去了目标和方向，除了沦落到无聊和空虚的境地，还能有什么更好的去处？还怎么能东山再起？

你有幸步入的是一所重点高中，但你要知道，重点中学不是保险柜，生活的内容还得靠自己添加和改变。有了目标，接下来就该脚踏实地了。据说世界上能爬上金字塔尖的动物只有两种：老鹰和蜗牛。既然暂时做不了老鹰，又何妨做一只脚踏实地的蜗牛，不再悔恨与自责，不再幻想一些不切实际的目标，只抓紧每一个现在去做你所能做的事。

幼儿园里小班小朋友常常拖椅子，老师为此进行了集体谈话：

师：小椅子是我们的好朋友，它天天都和我们在一起。大家想想，小椅子有什么用？它天天和我们在一起做什么？

幼：我们上课要坐在小椅子上的。

幼：我们做娃娃家的时候，小椅子可以做床，还可以做公共汽车。

幼：我们吃饭的时候要坐在小椅子上的。

幼：我们玩公园回来时腿是很酸的，人是很累的，坐在小椅子上就很舒服的。

师：所以，你们看，小椅子多好啊！假如没有小椅子，我们的腿都要酸了，也只能站在那里吃饭了。小椅子是我们的好朋友，我们一定要关心它。那么，你们想想，怎样关心小椅子啊？

幼（齐）：拿的时候轻一些，放的时候也要轻一些。

师：对呀，这样小椅子的脚就不会拖坏了，腿也不会折断了，这就说明你们和小椅子是好朋友了。

教师的语言不在于道理有多"高深"，重要的是理解学生，找到与他们共有的契合点，通过事实来讲道理，从而开启他们的心灵。

4. 感染性

教育用语的感染性是指动之以情，以情育人。教育用语总是饱含着教师的炽热情感，体现着教师对学生的一片深情厚谊。一名敬业的教师，会自觉地探知学生冷暖，真心实意地教导学生，用自己积极的情感带动学生。真可谓"其言谆谆，其语殷殷"。试想，一个举止粗俗、学识浅薄，又玩忽职守的教师，又如何去以自己的语言感染学生呢？

教育用语的感染性还表现在"以情感人"。唐代著名诗人白居易曾说："感人心者，莫先乎情。"同样的，教师的情感对学生有着很强的感染力。教师应该是一个充满爱心和责任心、精神饱满蓬勃向上、情绪乐观而稳定、具有正能量的人，善于关心、尊重、信任学生，并以此去感染学生。教师只有用真挚的情感呼唤学生的真情，学生才能向老师敞开心扉，在"亲其师"的基础上，顺理成章地"信其道"。

有位教师参加了班级活动后，深有感触，在活动即将结束前的总结发言中，他从表演的节目入手，说了下面这段话，使学生心灵受到极大的感染和震撼。

你们表演的《灰姑娘》非常精彩。这是一个童话，灰姑娘凭着自己的善良、忍耐，借着仙女的帮助，最终得到了王子纯真的爱情。而我们也在用自己的双手创造一个真实的童话。我们的生活中没有仙女，有的只是我们自己的努力和奋斗。刚才晚会上，两位同学异想天开、别出心裁，用报纸设计了一套新世纪的"囚服"。表演结束后，他们只是轻轻一扯，"囚服"就被拉下来，成了碎片，因为那毕竟只是一张报纸所为。很多时候，我们要摆脱的是禁锢于自身的精神枷锁，是要向自我挑战，尽管这个挑战并不轻松并不容易，但我们仍要尝试，要活出一个充满朝气的"新我"来。

教育是一种情感交流的过程，教师感情的变化随时随处在被学生感受的过程中。面对不同情感类型的学生，教师要采取不同的谈话方式，掌握情感的"度"，做到对症下药。

（二）教育用语的要求

1. 言之有物

言之有物是要摆事实、讲道理，让学生有所得、有所思。如果空洞说教、言而无物，即使说得有理，也是苍白无力，对学生不会有吸引力和说服力。有的教师在课堂上说了大半天，学生仍然不知其然，主要问题就在于空话连篇。

有位教师为了鼓励学生勇敢地面对学习上的困难，在教育学生时，既讲故事，又引用学生随笔中的内容，收到了意想不到的效果。

大家都熟悉这么一个故事：大鹏鸟驾着旋风，直上云霄九万里，小飞鸟却嘲笑着说："你为什么要这么辛苦，像我一样自在安逸多好！"但大鹏鸟仍青云直上，最后它看到了辽阔大地，而小飞鸟仍做着井底之蛙。从法布尔的一篇叫《蝉》的文章中，我们知道，蝉为了一个月阳光下的享乐，要忍受四年暗无天日的苦工。那么，你会不及一只大鹏鸟，不及一只小小的蝉吗？相信你不会！

听，这是同学根据许茹芸的《蜗牛》一歌而改编的歌词："我要一步一步往上爬＼在最高点借着月光往前飞＼任风吹干＼流过的泪和汗＼总有一天＼我能自信地抬起头。"再听听另一位同学的心声吧："当你驾着一叶小舟驶向知识的海洋时，小舟会在浪尖上颠簸，而前方肯定还存在着更多的风浪、险滩。当苦涩的沙吹痛脸庞时，当无情的浪咬痛手臂时，万一你摔倒了，你该有水手的勇气对自己唱：'风雨中这点痛算什么，擦干泪，不要怕，至少我们还有梦。'"

言之有物还表现在教师对学生进行教育的过程中，要尊重事实，不主观臆测，不信口开河。学生最反感老师不调查研究，凭随意得来的信息对学生做出评价或批评。

　　例如：一位女生在教室里吃水果，不小心把果皮掉在了地上。教师发现后，指责她说："看你一张馋嘴，还乱扔乱丢，你真是个不文明的学生。""你在家里也是这样吗？你父母也一定不讲卫生，家里收拾得一团槽。"由于老师的批评语言不客观，结果使得学生和老师对立起来，教育效果也无从谈起。

2. 蕴藏激励

　　好的教育用语一定具有感人的力量，言辞热情、诚恳，富于激励性。

　　湖南都市频道"寻情栏目"为一个巨痣女孩所做的节目中，主持人王燕讲了一个这样的故事。有个孩子，生下来脸上就有一块很大的胎记，看上去十分显眼，令人很不舒服。孩子长大到几岁，开始有自我意识以后，问起她父母，怎么别的孩子不像自己那样？她的爸妈告诉她说："孩子，那是天使吻过你后留下的印迹"。孩子听后十分高兴，从此她一直无忧无虑地生活，健康快乐地成长。当然，这事未必是真，但说明教育语言对人的作用和影响之大。

　　美国心理学家罗森塔尔曾做过一个实验：他和助手们来到一所小学，说要进行七项实验。他们从一至六年级各选了三个班，对这 18 个班的学生进行了"未来发展趋势测验"。之后，罗森塔乐以赞许的口吻将一份"最有发展前途者"的名单交给了校长和相关教师，并叮嘱他们务必保密，以免影响实验的正确性。其实，罗森塔尔撒了一个"权威性的谎言"，因为名单上的学生是随便挑选出来的。八个月后，罗森塔尔和助手们对那 18 个班级的学生进行复试，结果奇迹出现了，凡是上了名单的学生，个个成绩有了较大的进步，且性格活泼开朗，自信心强，求知欲旺盛，更乐于和别人打交道。

　　显然，罗森塔尔的"权威性谎言"发挥了作用。这个谎言暗示了教师对这些学生产生了期待，而教师又将自己的这一心理活动，通过自己的语言、情感和行为传递给了名单上的这些学生。这些学生受到激励，变得越来越自爱、自尊、自信、自强，从而在各个方面都得到了异乎寻常的进步。这就是后来人们所熟悉的"罗森塔尔效应"或"期待效应"。好的教育用语也具备这样的功能。

3. 言之成理

教育者要晓人以理，首先自己要懂理、明理，以其昏昏，又怎能使人昭昭？学生是有感情的，任何谈话如果不用情感去润滑，只一味硬梆梆地讲理，学生往往难以入耳，更谈何入心？

让我们看下面这则谈话：

一天，六年级一个学生进教室关门时，因用力过猛震坏了门上的一块玻璃。班主任知道后，当着全班同学的面，严厉地批评道："你怎么破坏公物？"

"我哪里破坏公物了……"学生把"破坏"二字有意说得很重，但是未等说完，老师抢着说："破坏公物还想狡辩？"老师显然火了。

"我就是没破坏公物嘛，跟你说明一下，怎么是狡辩？"学生不满地说。

"破坏了公物还强词夺理，你给我放老实点！"老师说着用手在讲桌上狠狠地拍了一下。

"你到底想把我怎样？"学生挑战似地说。

"你不承认错误，我开除你！"

学生气愤地走出教室。

这位教师批评学生狡辩，可他自己又有多少道理呢？

4. 言简意赅

教师的教育用语要准确、鲜明、简练。具体而言，就是要观点鲜明、遣词得当、语意清晰、意思完备，还要体现出一定的专业性和学术性。话少不一定说不清道理，话多也不一定能把道理说透彻。

马克·吐温有篇文章，是写一个唠叨的人如何漫无边际地叙述一件事，却从未涉及要点的故事。

啊，我跟你讲过我到西部参观哈比印第安村的事吗？我们是星期五早上出发——啊，不是，应该是星期四——记得吗？我告诉过你我们得星期四走，因为星期三我要去看牙医。我上面的牙有点儿松动，因此要牙医帮我修理一下。天，那个牙医真是啰唆，一直讲个不停。幸好他还懂得做生意。我曾和上司提起过他。说到我的上司，他真是个怪人，什么事都要靠我，因为他老是心不在焉。有天，我对爱拉说："爱拉，假如我哪天不干了，你想我的上司会怎么办？"爱拉回答说："比尔，假如你辞职不干，我就要回家去找妈妈了。"这不是很孩子气吗？

结果，人们一直都不知道哈比印第安村究竟是怎么一回事！有的教师就像文中这个唠叨之人，说起话来没完没了，可总是说不到点子上，常常言不及义。而这位教师只三言两语，就平息了一场争斗。

两个同学为了一点小事，由相互谩骂继而拳脚相加，在草坪上扭成一团，其他同学强行将他们拉开，只见高个的同学鼻口流血，显然是吃亏了。同学们劝他不要再打了，可他火冒三丈，"你们别管，死了不就是头落地，我今天没完！"说完弯腰捡起两块窑砖准备再打。这时，班主任老师走过来了，语气坚定地说："真的要拼命是吧？劝都劝不住，那好，你去拼吧。不过，我得告诉你，校有校规，国有国法，真出了事，你可别后悔！"几句话，就使这个同学愣住了，两块砖头也从他手中先后落地了。

5. 言为心声

言语是表示心意的声音，闻其言，即知其用心之所在。教师的语言若是发自肺腑，就会使学生产生亲切、贴近、真实之感。如果言不由衷，口是心非，学生绝不可能听得真切。当然，有的教师课内课外、台上台下，完全是两种人格，这样的教师进行的教育，怎会有良好的效果！

教育的过程是情感交流的过程，教师会无时无刻不感受到学生情感的变化，学生也会随时随处感受到教师情感的变化。因此，教师的教育用语应是一种带有强烈感情色彩的语言。教师如若情浓意深，学生定有如沐春风之感。

有位高二的学生，因没有请假旷课半天，班主任为此十分生气。等学生返校后，班主任追查他旷课的原因，学生告诉老师是因为他原来一个相处得很好的初中同学，因车祸而在医院做手术，当时由于急得不知所措，没有想到请假，就去看望同学了。听到学生的说明后，班主任狠狠地瞪了学生一眼，说："一个初中同学有什么了不起"。学生听后十分反感，觉得班主任太不讲人情了。

有位教师从自己的切身体会出发，教育学生抓紧时间认真学习。

我们知道，每个人都拥有一笔相等的活期财富，每天都会自动增加相同量，同时减少相同量；多花不行，不花也留不住，关键在于如何安排用度才能创造最大的价值。

我也是从学生时代走过来的，我信奉这样的学习方法：排得充实又能有效完成的日程表，桌上井然有序的书本试卷，脑体结合适当的每一个清晨和夜间。对细微处寻根究底，对大框架心知肚明。晚上准时入睡，吃饭有滋有味，对父母和老师充满感激与理解，对同窗献出祝愿和微笑。这样，你便能踏上循序渐进、平和顺畅的学习道路，你的潜能才会从底层源源流出，在人生的关口上支撑你更好地走过。在奋斗的过程中，也许大家感到很苦，但当你走过这段历程之后，痛苦、艰难会随时间的推移而褪色，而奋斗时的精神、意志，则会成为记忆的永恒。

6. 体现尊重

在教育教学过程中，师生之间是平等的。学生虽然还不够成熟，但他们也和教师一样具有独立人格，懂得维护自身尊严。教师在教育过程中应放下架子，从内心尊重学生，避免一些随口而出的"语言伤害"的发生。

今天，教师已经从"师道尊严"的神坛上走下来了，应唤醒学生的主体意识，营造民主、平等、宽松的教育氛围，在开口说话之前应先换位思考，多站在学生的角度想一想。不能居高临下，一味地让学生服从。

一位班主任老师看到教室没有打扫，满地废纸，他没有发火，也没有训斥学生，只是说："同学们，当我看到教室满是废纸时，就觉得心里不舒畅，我的心情就变得像这个地面一样糟糕，连上课的劲都没有了，不知道大家是否与我有同感？"

这位老师的话语，充分体现了以人为本的教育观念。他对学生的错误只是做一下客观描述，而不做主观决断，巧妙传达教师内心对学生行为的真切感受，让学生觉得老师与他们是一起的。这样的语言，构建了师生之间的相互尊重与理解，相互平等与交流的平台，而不是把教师自己置身于问题之外，简单地将责任归咎于学生。这样的话语，学生会心领神会，心服口服。

（三）常用教育用语

教育用语包括说服、激励、表扬、批评等不同方式所使用的语言。说服是从正面摆事实、讲道理，激励一般是一种动员、鼓励，表扬不能溢美，批评更应讲究艺术。

1. 说服语

说服语是教育者与被教育者通过思想交流，解决认知与行为问题的一种教育用语。在教育工作中，说服教育是对学生进行教育的最常见、最便捷、最有效的方式之一。

我们不时听到有的老师埋怨学生不听话，诸如不遵守纪律、学习不认真、打架斗殴、偷盗赌博、谈情说爱、不求上进等。在学校教育中，这些确实都是屡见不鲜的问题。这就需要教师对学生进行说服教育。

说服的目的要明确。如果心中无底，说起话来就没个准，不仅不能说服学生，甚至还会使学生产生反感。要说服学生，要求应该怎样，不应该怎样，事情常常没有那么简单。学生某种习惯、某种行为、某种看法的形成，原因往往很复杂，所以不要以老师的权势压服学生。

陶行知先生"四块糖果"的故事，可能大家并不陌生。

当年，陶先生在育才学校做校长。有一天，他看到一位男生想用砖头砸同学，就将他制止，并责令他到校长室。等陶先生回到校长室，看见那个男生已在等候。陶先生掏出一块糖递给他："这是对你的奖励，因为你按时来了。"接着又掏出一块来："这也是奖给你的，我不让你打同学，你立即住手了，说明很尊重我。"男生将信将疑地接过糖果。陶先生又说："我了解过了，你打那个同学，是因为他欺负女生，这说明你很有正义感。"说完，掏出第三块糖给他。这时，男生哭了："陶校长，我错了，同学再不对，我也不该打他。"陶先生又拿出第四块糖说："你能认错，我再奖励你一块。现在，我的糖已经分完，我们之间的谈话也该结束了。"

在说服教育的过程中，应注意下面几个方面：

第一，利用"南风效应"。这是一个社会心理学概念，出自法国作家拉封丹的一则寓言：北风与南风比谁的威力大，看谁能把行人身上的大衣脱掉。北风不假思索地吹了一阵冷风，结果凛凛刺骨，行人为了抵御北风的侵袭，便把大衣裹得更加严严实实，根本不会脱掉。而南风则不然，它徐徐地吹动，使人身上渐生暖意，行人不知不觉中先解开了纽扣，继而脱掉了大衣。最终南风获得了胜利。

教师在进行说服教育时，要注意讲究方法，如果用"北风"式的方法批评教育，往往会让学生产生惧怕心理，达不到预想的效果。而"南风"式说服教育方法，能够和风徐徐地吹掉学生自我保护的"盔甲"，打破学生自我封闭的心理，使学生敞开心扉，接受老师的批评教育。成功的批评教育依赖于真诚的理解和相互信任的师生关系。

第二，利用"名片效应"。这里所谓的"名片"，即教育者和被教育者双方一致认同的观点。教师在阐明自己的基本观点之前先向学生递出自己的这张"名片"，寻找师生之间的共同语言，引起共鸣，以缩小与学生间的心理距离。这样彼此一开始的谈话就很融洽，就会起到很好的教育效果。"名片效应"是以师生双方相互了解为前提的，它要求教师能够多方面了解学生。

第三，利用"门槛效应"。这是心理学家费里德曼和费雷泽的一项研究结果，它让人们先接受较小的要求，然后能促使其逐渐接受更大的要求。有这样一个故事可以说明它的原理：有个小和尚跟师父学武艺，可师父却什么也不教他，只交给他一群小猪，让他放牧。庙前有一条小河，每天早上小和尚要抱着一头头小猪跳过去，傍晚再抱回来。后来小和尚在不知不觉中练就了卓越的臂力和轻功。原来小猪在一天天长大，小和尚的臂力也因此在不断地增长，他这才明白师傅的用意。因此在对学生进行说服教育的过程中，要结合学生自身的情况，先提出较容易达到的目标，然后逐步提高要求，不可急于求成。

第四，避免"超限效应"。它是指因刺激过多、过强或作用时间过久，而引起人的心理极不耐烦或逆反的心理现象。有一次，著名作家马克·吐温听牧师演讲，最初感觉牧师讲得很好，打算捐款；十分钟以后，牧师还没讲完，他就不耐烦了，决定只捐些零钱；又过了十分钟，牧师还没有讲完，他便决定不捐了。在牧师终于结束演讲开始募捐时，气愤的马克·吐温不仅分文未捐，还从盘子里偷了两元钱。由此可见，刺激过多、过强或作用时间过久，往往会引起对方心理极不耐烦或逆反，造成事与愿违的结果。因此，教师在进行说服教育时，要注意分寸的把握。"过度"会产生"超限效应"，"不及"又达不到既定目的。

2. 激励语

激励语是教师用激励性的语言鼓舞学生，帮助学生点燃希望，从而使他们产生积极的进取心，并做出积极反应的一种教育用语。

人是要有一点精神的，学生更应该具备积极向上、坚韧不拔、艰苦奋斗的精神。但是，他们在成长过程中，极不容易认识自我、把握自我，常常缺乏信心和勇气，一遇到困难和挫折就悲观失望、垂头丧气。这就需要教师使用激励性的语言，鼓舞他们勇往直前。教师的激励性语言，不但能作用于人的感官，更能作用于人的心灵。它能拨动学生的心弦，使学生茅塞顿开，甚至终生难忘。

激励语多从正面入手，以赞扬的方式说出来，常常需要从眼前的状况预示未来美好的前景，这样才能帮助学生树立更远、更高的目标。激励语具有很强的鼓动性，因此要富有激情，把学生从低沉、悲观、懊丧的情绪中鼓动起来。有人说，教育就是鼓励，教育就是肯定，教育就是教人成功。

有这样一个故事：

在一所小学里，课堂上老师提问的时候，一个同学总是举手，可老师叫起他来的时候却答不上来，引得下面的同学窃笑不已。

课后，老师找到这位同学，问他为什么要这样做。这位同学说，如果老师提问时他不举手，其他同学会在课下叫他"傻瓜"。老师明白原因后，就和这位同学约定：当他真会的时候就高高地举起左手，不会的时候就举起右手。这样，每次学生举起左手，老师就及时地提问他。当他正确地回答问题时，老师就给予他一些鼓励性的语言："你真聪明，想得又快又好。"渐渐地，这名同学越来越多地举起他骄傲的左手，越来越好地回答出老师的课堂提问。这个原来极有可能在太多的嘲笑中沉沦的孩子，逐渐地由一个差生转变成了一个好学生。

巧妙的鼓励让孩子有了自信，也有了做得更好的强大动力。因此，在适当的时机和场合，教师应及时发现孩子的闪光点，并加以鼓励，有时甚至无中生有，适当夸张地进行赞美，都可以唤起孩子无限的自信，让他的人生更加成功。

让我们欣赏下面一段激励语：

生活不是明天才上演的脚本可以修改，我们永远只能走过一次，可能在某些时候，面对挫折，我们会不知何去何从。但我坚信，在选择之后、跋涉之后，世界总会向你展开一个全新的视野，一切未来的风景，一切可能的故事都会在你的脚下铺开、延伸。在平凡的花季岁月，在你遇到挫折的时候，表现出你的乐观、自信、勇气与努力吧，这就是在珍视你所拥有的其实并不平凡的生命。我送给同学们一句话，也让我们用这句话共勉，那就是诗人汪国真的一句诗——"既然选择了远方，便只顾风雨兼程。"

是啊，被重视、被关爱、被鼓励是一种催人向上的力量，对成长期的孩子尤其重要。要注意的是，激励语忌讳老生常谈，若已经被人用滥，会给人以陈规旧套、枯燥乏味之感，就无法起到激励作用。

3. 表扬语

一次恰当的表扬，常常能鼓起学生奋斗的风帆。对学生来说，获得老师的表扬，不仅是一种荣誉的享受，更多是对他个人价值的评定，由此而进一步坚定信心，增强勇气和力量。马克·吐温曾经说过，听到一句得体的称赞，他会陶醉两个月。

教师表扬学生似乎没有什么困难，只要愿意，不吝语词，学生都有值得赞扬的地方。但过分使用言过其实的溢美之词，也会适得其反。所以，表扬要讲究分寸，不要千金难买，也不要一钱不值；并且表扬语不能太雷同，表扬对象不能太固定，那样反而会导致学生的逆反心理，无法起到积极的引导作用。一句简单的话，若说得适当，犹如银盘中放上金苹果，使用表扬语也要考虑到时间地点、掌握火候、因人而异。

有位教师感动于学生在整个班级活动前后的良好表现，想借机表扬一下学生，思考以后，说了这样一番话：

这次活动是你们一手策划的，你们给了我一个大大的惊喜。告诉我，是哪一个鬼精灵提出以这样的形式串起整场活动？告诉我，你们在寝室里为这个自编自导自演的小品，为这首声情并茂的小组唱花费了多少业余时间？告诉我，有多少人主动为布置这个充满温馨和节日气氛的教室而献上自己的智慧，又有多少人在活动结束后争着抢着留下来打扫教室？你们给了我答案："老师，你何必打破砂锅问到底呢？这是我们自己的家啊！我们愿意！"

是啊，这是我们的家，是我们用自己的双手，用宝贵的青春岁月营造起来的共同的家。作为这个家的家长，我感谢你们对我的支持！

教师要善于发现每一名学生的优点。表扬的时候要面带微笑，让学生都感受到老师的温暖，知道老师很在意他们。表扬的内容要具体、有针对性，使学生明白哪些行为表现是好的。如果只是笼统地说"你做得很好""你画得真好"等等，虽然学生会开心一笑，但并不能起到很大的作用。假如老师明确说"你做得很好，能够关心同伴，跟他人一起分享图书""你的画形象逼真，颜色搭配合理"，学生以后就能在这些方面做得更好。

教师的表扬还要及时。过时的表扬，效果会打折扣。佳佳是一个调皮多动的孩子，平时自控能力较差。如何让他增强自控能力呢？他的老师尝试过多种办法，但效果都不明显。

在一次绘画活动中，老师问大家："长大后你想做什么样的工作呢？"孩子们都谈了自己的想法。老师再让他们用画画的方式把自己的理想告诉同伴。老师对佳佳十分关注，看到他非常投入地把自己的梦想画了出来，及时给予了表扬："佳佳，从你的作品中，我看到长大后你是一位了不起的船长，开着大轮船在大海上航行，真神气！如果接下来的涂色能够均匀些、仔细些就更好了。你再修改一下，好吗？"佳佳的脸上露出了开心的笑容。在整个活动中，他既没有随意离开自己的座位，也没有跟其他小朋友讲话。

教师的表扬也要适度。

形形是一个乖巧、文静的女孩子，平时自控能力较强。每当开始上课其他小朋友还在吵吵闹闹时，只要老师示意一个眼神，她就能安静地坐在座位上。于是，老师总是表扬"形形真棒""形形真懂事"等等。一天，形形的奶奶告诉老师，形形在家里脾气很大，做错事情后家长提出批评，她根本不愿意听，总是说老师是一直表扬她是个懂事的孩子，是班级里最棒的孩子。听完家长的话，老师反思了对形形的表扬行为。

可见，表扬不是多多益善，关键是要有针对性，要恰到好处。不能凭主观情绪来评判孩子，更不能因为自己喜欢谁就一直表扬她。

4. 批评语

批评语是教师对学生不理想的思想、习惯、行为进行批评，以帮助学生纠正错误，规范学生品德和行为，增强学生辨别能力的一种教育用语。苦口良药利于病，恰当的批评能触动学生的心灵，促使学生去思考回味，并自省自纠，有利于学生健康成长，也有利于学校形成良好校风。

俗话说："好话一句三冬暖，恶语伤人六月寒。"批评是一把双刃剑，过度强硬会伤害学生。要使批评达到预期目的，教师在批评学生时一定要讲究语言艺术，讽刺挖苦、打击报复、出言不逊、褒此贬彼的语言，都不能出口。捷克教育家夸美纽斯说过，教师在批评学生时"可以忠告，可以劝导，有时可以谴责"，但不管哪种方式，都应情理并重。要诚恳，要一语中的，要就现象批评现象，不能上纲上线，不能从一个问题中去推出普遍性结论。诸如"你一贯……""你总是……""你以后不会有出息"等类似的语言，教师都要避免，否则不利于学生改正错误，也不利于学生对曲直、美丑、是非等辨别能力的提升。

有位校长正走在教室的走廊上，突然飞来一球，射在他的胸前，随后冲出一个学生，一看是校长，像磁铁般地被吸住了，低头站着。校长捡起球，微笑着说："这一脚好厉害，不过角度不怎么样，踢得太正了。要想练好射门基本功，还得到球场上去，下次要是再看到有同学在走廊上练球，我可要出示黄牌警告了。这一次，我不追究。"

"硬攻不如软取"，这番批评话语值得称道。它以不损伤学生自尊心为前提，没有秋风扫落叶般的肃杀，却有着春风化雨般的效果。

总之，优秀教师的批评语，都含着爱意，是以仁爱之心、宽容之心，来唤醒学生的改过之心；是充分维护学生的自尊心，不会使学生过分羞愧乃至无地自容；是言已尽而意无穷，会触动学生的心弦，启发学生去自我反省；是循循善诱、刚柔相济、软硬适度、因人而异，令学生心悦诚服地主动改正错误。

教师要做好学生的思想教育工作，就一定要注意批评的语言艺术，使批评语既体现人文关怀，又充满教育智慧。著名教育家叶圣陶先生曾说过："最好的教育是自我教育。"要让批评语真正成为连接师生心灵的纽带，成为打开学生心灵的钥匙，从而促使学生自悟、自省、自纠，收到最佳的教育效果。

七、教师其他工作语言

"夫言之术，与智者言，依于博；与博者言，依于辩；与辩者言，依于要；与贵者言，依于势；与富者言，依于豪；与贫者言，依于利；与勇者言，依于敢；与愚者言，依于说。[1]"春秋时邓析的这段话指出，说话要针对不同对象和对象的不同情况，采取不同对策。

从教师的交际对象来看，主要是学生；但还有家长、领导、同事以及社会上的其他人。这时候就要话因人异，区别对待。教师要有角色转换意识，不能再"好为人师"。注意不要把课堂教学中带有书面语色彩的文绉绉的语言表达习惯，带进课堂外的其他工作语境中；注意其他语境也还是工作语境，

---

[1] 方勇. 子藏·名家部·邓子析卷 [M]. 北京：北京图书馆出版社，2016.

应有别于日常生活中的随意交谈，话题应集中，并随时进行调控；注意不同对象的可接受性，应选择对方易于接受、乐于接受的语言，选词或深或浅，表达可曲可直。

这类交际活动主要包括家访、主持、座谈、演讲、汇报、对话等等。具体说来，可归纳为家访谈话、工作交谈、会议发言、专题演说、主持活动等。

（一）家访谈话

学生的成长离不开学校教育，也离不开家庭教育，与家长互通情况，争取家长配合，是学校教育不可缺少的一部分。因此，教师应该经常进行家访。家长分布在社会各界，知识素养有高低之别，性格又各不相同，能否进行有效家访，在很大程度上取决于教师的说话艺术。

有个笑话，说一青年人口普查员碰到一位70多岁老太太，问她："您有配偶吗？"老太太愣了半天："什么配偶？"普查员说："就是你丈夫呗。"老太太笑了："你说丈夫不就得了，俺们哪懂得你们文化人说的什么配偶哩！"

确实，家访一定要看清交际对象的思想水平和文化修养，以选择合适的语言。有的家长开朗，有的则内向；有的家长谦和，有的则高傲；有的家长健谈，有的则寡言。家访时，有时会碰上对孩子放任自流的母亲，有时会碰上对孩子暴跳如雷的父亲，有时还会碰上对孩子溺爱过度的奶奶，这时，教师就要善于分析各种类型家长的脾气、爱好、心理，寻找共同话题。否则，话不投机半句多，常常坐了冷板凳扫兴而归。

对文化修养较高的家长，不妨在谈孩子的学习问题时，也交流对国家大事、人文科技的看法；对正操持家务的家长，可从体谅理家的难处，引出对子女精心教育的话题。有位母亲不允许成绩下降的孩子参加春游，老师为此进行了家访。正巧，孩子母亲在做饭。老师说："拿咱们做饭来说，如果做糊了一锅饭，就再不做饭了么？我们大人做事不是也会失手吗？"母亲笑了，答应让孩子参加活动。教师又带着温和的语气，分析了孩子成绩下降的原因，说服家长不要带着怨恨教育孩子。

家访谈话必须从关心和教育学生出发，从正面肯定入手。望子成龙、望女成凤是所有家长的心愿，家长总希望孩子得到老师肯定性的评价。因此，即使对有缺点、有错误的学生，教师也应给予充分肯定，而对好学生的肯定应适可而止，不要过分溢美。总之，必须坚持一分为二、实事求是的原则。

千万注意不要向家长告状，不要利用家长来整治学生。例如，有个学生长期与班主任闹别扭，班主任窝着一肚子火，当着学生的面向家长数落，最后向家长提出："今天，我就看你做父亲的如何教训教训你这个儿子。"逼着家长把孩子痛打了一顿，导致这个学生赌气辍学。

家访作为一种教育手段，应当有利于学生的身心发展。因此，教师在家访时要以关爱为本实事求是，出言谨慎。在与家长交流中，要多讲学生的闪光点，以此增强学生信心、激发学生上进。对学生的弱点、缺点要尽量委婉、客观地指出来；要通过与家长的平和交流，使双方在和睦的气氛中充分地认识问题并解决问题。

一年级新生入学不久，班主任便发现班上一名叫黄丹的学生上课不守纪律，作业经常不做。经过一段时间观察，班主任发现他反应很快，别人答不出的问题，他却能一语道破。而且，他动手能力强，绘画颇有才气。班主任觉得"孺子可教"，他的问题主要是没养成良好的学习习惯。为此，班主任安排了一次家访。谈话一开始，班主任就充分肯定了黄丹的优点，并拿出他的作品给家长看。家长虽然嘴上谦虚着，但心里很开心，尤其是妈妈，眼角眉梢都透着喜气。谈话的气氛融洽了，班主任顺势提出塑造孩子良好学习习惯的重要性，家长痛快地表示，一定要配合老师，督促孩子完成每天的作业。

后来，黄丹同学很快纠正了自己的缺点。在期末考试时，他的成绩名列前茅。可见，家访时讲究语言艺术，可以使班主任拉近同家长的距离，赢得家长的依赖和配合，为孩子的成长提供不竭的动力。

此外，家访谈话中的询问要讲究方式，对离异、家庭不睦等敏感问题不宜多问，若非问不可，也应采取较委婉的问法。"问"的本身体现了教师对家长、对学生的看法，应注意措辞，多用商榷语气。

（二）工作交谈

工作交谈主要包括对上级的谈话、对同事的谈话。教师对上级谈话的目的，通常是为了争取领导的认可、理解和支持。除了要注意时机适宜外，要注意对领导既尊重又不谄媚，汇报情况既真实又不夸大，把想说的主要问题开门见山地说出来，简明而不拉杂。

这是某校负责组织参加全国规范汉字大赛的教师与校长的一段对话：

教师：校长，您好！您能挤一点点时间审批一下这份报告吗？

（校长正准备把报告搁在一旁，听了这话，又拿起报告。）

校长：好吧，我看看。

（校长一边看，教师一边指点已用红线画出的重点处，简单说明这次活动的重要性和组织安排。）

校长：（面有难色）好是好，可现在临近期末考试，而且学校经费也很紧呐！

教师：可是这种全国性大赛是新中国成立以来第一次，对师范院校来说是一次大练兵啊！纸张我们已准备好了。时间半小时就够了。报名费总共只有百元，学校暂时有困难，可不可以先请师生们自己出……校长，您看这样行吗？

校长：（微笑）这几个字我可真难签呐！（随即批字："同意参赛。……报名费由校语委活动经费支出。"）

这位教师同领导谈话时，态度谦虚，又不卑不亢，表达恰到好处，结果水到渠成。

与同事的交谈需要平等相待、开诚布公。对比自己年长者，更要虚心求教。交谈是听与说双向的活动，说话者不能把谈话仅仅看成表达自己的感情，因此要避免以自我为中心，谈吐应谦和得体，不强词夺理，不蛮横无理。当双方意见不合时，千万不能恶语伤人，讽刺挖苦。

　　同在一个单位的同事，大家地位彼此平等，因此要做到人格上互相尊重，工作上互相支持，生活上互相关心。俗话说"礼多人不怪"，同事之间和睦相处，以礼相待，能增加亲密感，也有利于工作中的精诚合作。

　　刘老师是某中学的年级组长，尽管在年级组她的年龄最大，学历最高，但从不摆架子。每天上班时她都先主动向同事打个招呼。"您好"，或是关心地问候一声："家里老人好些了吗？孩子送走了吗？"，让人觉着特别温暖。从同事那里得到一点帮助，她总要真心诚意地说："给您添麻烦了，谢谢！"。下班前，若有事先走，总是对同事客气地说一声："对不起，我有事先走一步！你们多受累吧！"。当同事咨询问题时，从不断然否定，而是耐心、诚恳地表达自己的观点。当遇到需要同事协作才能完成的工作时，从不自作主张地说："这件事你们都听我的！"或"这件事我说了算！"，而是以建议性、商讨性的口吻说："这件事，各位老师看怎么办好？""大家看这样处理行不行？"

　　刘老师的语言非常得体。尽管在年级组中她最有权威，但她并不以居高临下、盛气凌人的口气说话，每一句话都体现了对同事的尊重。这样的教师一定会赢得同事的尊敬与爱戴。

　　同事之间的工作交流，还要注意语体。不同的对象，不同的环境，应使用不同的词汇、句式和修辞手法等。与比自己年长的教师谈话，要保持谦虚的态度，尤其是对那些辛勤工作了几十年，如今面临退休的老教师，要格外敬重，不要让他们感到"人走茶凉"。与比自己年轻的教师谈话，要多体现出对他们生活和工作的关心，切忌以老者自居。与同龄教师谈话，要多赞美对方，切忌张狂自负、炫耀自己。与初来单位的新同事谈话，要主动热情，不要让他们觉得受到了冷落和排挤。

　　张老师再有半年就该退休了。为了让他的数学课得以平稳过渡，学校提前半年安排刚毕业的小李老师接替张老师的课，并请张老师对小李老师进行随堂指导。下面是两位老师的谈话：

小李老师：（表情困惑）张老师，我有一件事不明白，原先您上课时，学生们都非常听话，怎么一到我上课时就变得调皮起来？

张老师：（面带微笑）小李儿啊，我想先问问你，你是怎么备课的？

小李老师：我觉得，备课时，我在教学内容上还是下了一番功夫的。在听您的数学课时，我注意到您对教学内容的处理非常独到。所以，我就模仿您的方法，注意教学内容的深入浅出。

张老师：（面带微笑）那么，你有没有考虑过教学方法的问题？

小李老师：和您一样，我每次上课时都使用了演示教具。而且，为了做好演示，我课前都多演练几遍。每次上课，教具的演示也都顺顺当当地完成了。

张老师：（诚恳地）小李儿，处理好教学内容、演示好教具并不意味就可以上好数学课。你讲课时，有没有注意到学生的感觉和反应？课后，你有没有给学生提供一些典型的、能够帮助他们理解学习内容的例子以及练习题？在学生完成作业的过程中，你有没有给他们必要的指导和帮助？

小李老师：（顿悟）张老师，您说得对。我讲课时，很不习惯面对着全班同学。一看到学生注视着我，我说话就不自在。讲完课后，我一般也就不再给学生提供理解学习内容的有关例子。这是我考虑不周。至于指导学生完成作业，我一般采取单独辅导的方式。但毕竟时间有限，每次只能辅导几个同学。我有点不大习惯面对全班同学进行辅导。

张老师：（面带微笑）问题就出在这里。全班有60位同学，你能在有限的课余时间里一个一个地进行辅导吗？

小李老师：（笑了笑）这一点，我确实没想到！

以上两位教师谈话的成功之处在于，他们都能根据特定对象选择恰当的语体表达方式。对于小李老师而言，张老师是一位很有经验的老教师，是自己的"师傅"，所以在与张老师谈话时，小李老师自始至终以敬重的口吻向张老师请教。而对于张老师而言，小李是一位年轻教师，是没有经验的新手。为维护年轻人的自尊心，张老师并没有摆出"师傅"的架势对小李老师横加指责，而是用询问的方式，循序渐进地启发和提醒小李老师，语调亲切、平和，语义切中要害，颇有长者风范。

教师在与同事的工作性谈话中，要一切从"公"字出发，从大局出发，本着客观公正、是非分明的心态。尤其是在探讨学术或专业问题时应有自己的主见，敢于说出自己的想法，而不要人云亦云。虽然和别的老师有不同看法，同事之间的争论，也会促进教学水平的提高。但是要有理有礼，即使对方冲撞冒犯自己，也要尽量心平气和，处之泰然，以温和礼貌的语言来表达自己的观点与主张。

（三）会议发言

会议发言常要求教师发表个人意见，谈自己的理解、感想和希望，这种发言相对来说比较活泼。

会议发言首先要做到内容新颖。如果尽搬陈芝麻、烂谷子，只弹老调旧曲，讲话肯定乏味，难以精彩，必须针对新情况、新问题，谈出自己的新见解、新看法。当然，再新的内容，也应注意语言干净洒脱，干脆利索，切忌拖泥带水，枝蔓横生，应抛开那些不必要的套话。别人陌生的、喜欢听的，多说；别人熟悉的、不关心的，少说。事情的重点、要点要交代清楚，枝节问题三言两语带过即可。当然，简洁不是简单，而是言有尽而意无穷。

谈的时候应注意自己和座谈者的关系，语气要平稳、得体，既不要人云亦云，毫无主见，又不要狂妄自负，哗众取宠，把自己的观点强加于人。即使不同意他人的观点，在修正、补充时，态度也要温和，不要声嘶力竭。

此外，措词要得体。由于受到时间的限制，教师常在没有准备的情况下被请出来说几句。这种即兴发言不可能要求每句话都字斟句酌，往往只能打腹稿，甚至边想边说。但是发言时必须针对所表述内容的轻重、主次，选择恰当的措辞和表述方式，努力把握好表述的分寸，力求恰如其分。

1922 年秋，年仅 22 岁的老舍应聘到南开中学任国文教师，并担任学校汉文演说会顾问和每周演讲会的评判委员。这年 10 月 10 日，学校举行"双十节"庆祝大会，老舍应邀作了即兴演讲。他说：

我愿将"双十"解释作两个十字架。为了民主政治，为了国民的共同福利，我们每个人必须负起两个十字架——耶稣只负起一个。为破坏、铲除旧的恶习、积弊与像大烟瘾那样有毒的文化，我们必须预备牺牲，负起一个十字架。同时，为了创造新的社会与文化，我们必须准备牺牲，再负起一个十字架……[1]

他那独特的见解，透辟的分析，激昂的措辞，博得了师生们的热烈赞扬。

老师被邀请参加学生的聚会，发言要以营造和谐、愉快、热烈的聚会气氛为目标，多说祝愿的话，面向全体，要精练。有位老师在学生聚会上是这么说的：

亲爱的同学们：

大家好！

元旦佳节刚过，转眼春节就要到。在这一元复始、万象更新的喜庆日子里，我们又迎来了"数学自学辅导实验班"学生的同学大聚会。作为老师我有幸被邀前来参加感到很荣耀，很骄傲。首先我向同学们表示热烈的祝贺并预祝聚会圆满成功。

你们这届同学是我从教32年来唯一带过三年或四年的一届学生，这在一般教师生涯中是不多见的，这也说明我们师生之间有着特别的情谊和缘分，我是很珍惜的。想当年你们风华正茂、天真烂漫，好像早上八九点钟的太阳，给我留下了深刻的印象；看今朝同学们成熟稳健、阳光帅气，男生豪爽、女生美丽，老师感到很成功好欣慰。

同学们：人有悲欢离合，月有阴晴圆缺。今天我们能够相聚在一起，这是我们多年坚持和努力的结果，也是我们以后感情加深的基础和缘分，相信同学们能够保持关系、加强联系、互相关心、共同顺利。

---

[1] 张桂兴. 老舍年谱（上卷）[M]. 上海：上海文艺出版社，2005.

最后，再次祝愿我的学生们工作顺利！生活快乐！家庭幸福！身体健康！谢谢大家！

任何发言中，讲话者都应情动于衷，形之于声。真情实感溢于言表，才能打动听众。

（四）专题演说

专题演说常常具有一定权威性和约束力，一般说来，这较会议发言显得庄重、正式。它应有鲜明的主题，有较强的针对性，内容稳定，结构完整。

演讲是以流动的声音，承载着演讲者的思想和情感，直接诉诸听众的听觉器官。要求演讲者吐字清晰准确，声音清亮圆润，语气、语调、节奏富于变化。同时，要辅以姿态、动作、手势、表情等，令听众获得美的享受和思想的启迪。

专题演说要有基本观点和中心思想，这是演说的"灵魂"和"统帅"。演说必须旗帜鲜明，肯定什么、否定什么、赞颂什么，贬斥什么，演说者要清清楚楚、明明白白，决不可以似是而非、模棱两可。在专题演说中，演说只能有一个主题，一个中心；若贪多求全，这也想讲、那也想说，势必使主题分散，造成结构松散、头绪纷繁，达不到演说目的。

让我们来欣赏一段班主任工作专题交流会上的演说：

……当然，总是一副面孔的教育也是行不通的。有的学生需要和风细雨，有的则必须雷霆霹雳。如果该愤激时不愤激，学生就会感觉老师不真心、没感情，不可信赖。反之，该和顺时不和顺，不分场合地大发雷霆，随意将自己的不快迁怒于学生，学生会感觉老师很自私，也同样不可信赖。

我们不能为了保持班主任的威信和尊严而没有人情味；相反，应该比从事其他职业的人更富情感。我们年级老师曾开玩笑地给各个班主任定位风格，诸如"和风细雨式""急风暴雨式"等等。我想不管是哪一种风格，怎样的做法，内心都应该是真诚，是对学生真心实意的爱。因为说到底，"班主任工作艺术是爱的艺术”，就这么简单！

成功的专题演说还要注意多样性语言的综合运用，让听众接受多方刺激，从而调动起“听”的积极性。

（五）主持活动

教师主持的活动通常是会议、比赛、演讲、辩论、典礼等。主持人要全方位地了解活动的目的、内容，安排好活动的程序，熟悉与会人员和集会场地，控制好活动的进程，如何开场，如何承接，怎样小结，都应了然于胸。什么地方该讲，什么地方不该讲；什么地方该详讲，什么地方该略讲，都要心中有数。千万不要认为自己是整个活动的活力源泉，然后时时把自己放在舞台中央，这样的话，听众所能回报的，大概只是一个大大的、深长的哈欠。

开场白可以自然导入，也可以用情境导入，有时也用情感来烘托，有时则适宜采用幽默调侃的语言。这要根据所主持活动的内容而定：文艺节目的主持，可以活泼轻松些，应挥洒自如，妙语连珠；而有些活动，主持语言务必严谨、简练。

主持节目，要善于“搭桥”，巧妙过渡，通过主持语把活动连缀成一个有机的整体。这就需要主持人能够眼观六路、耳听八方，对现场出现的各种情况做出准确、迅速、机智、得体的表达。有时会议上会出现“冷场”，主持人应用热情的启发、冷静的疏导、生动的语言，鼓励大家敞开心怀，进行畅谈，万万不要流露出责怪情绪。

下面是一位老师在小学语文展示研讨活动中的主持词：

各位老师：作文教学一直以来都是我们语文教学中的难点。如何促进阅读教学与作文教学的整合？如何让学生从阅读中习得一些作文的方法？下面的这节课也许能引发我们的一点思考。有请来自××学校的××老师及某学校五年级的孩子们。

××老师甜美的声音、有机的引导以及孩子们精彩的表现一定给大家留下了深刻的印象。让我们用热烈的掌声感谢××老师带来的作文教学课堂展示。请孩子们有序退场。

接下来给我们上示范课的是来自某小学的××老师，她执教的课题是四年级的古诗《秋思》。相信××老师的这节示范课，一定会帮我们解开不少古诗教学的困惑，给我们打开一片全新的教学视野。让我们拭目以待！

听了××老师的《秋思》，让人不由得心头为之一震，耳目为之一新。××老师的整个课堂让人感觉真实、清新，毫无雕琢的痕迹，真是一种美的享受。××老师的语言闪烁着理性的睿智和感性的诗意，让人如闻动听的乐曲，余音绕梁。孩子们在课堂上学得有声有色，读得有情有趣。我们看到了孩子学习的过程，成长的过程。谢谢××老师的精彩演绎。让我们再次用热烈的掌声向××老师表示衷心的感谢！请孩子们有序退场。

下面有请来自某学校的××教师为我们上作文示范课。她执教的内容是四年级的《学写导游词》。

"不见高山，不显平川。"这是一节收放自如、彰显个人魅力的高效课；这是一节动态生成、充满生命活力的优质课；这更是一节授人以渔、指点迷津的示范课。××老师的课充分体现了以教师为主导，以学生为主体的教学主旨。放手让学生自主探索，主动参与，寓教于乐，使学生在积极、愉快的课堂氛围中提高了作文水平，达到了良好的教学效果。

三节课欣赏完了。如果说《秋思》是一壶醇香美酒，让我们品出了古诗教学的韵味，那么，《良好的开端是成功的一半》仿佛是一幅连绵的画卷，为我们展现了学中悟法的妙处，而《学写导游词》则仿佛是一次愉快的旅行，让我们领略了自主学习途中的一路美景！我提议：让我们把最热烈的掌声送给为我们带来这顿教学盛宴的三位执教者！

当活动进入到尾声时，更要讲究技巧，切忌草草收场，要巧于终结，再展高潮。主持人可以用热情的话语，洪亮的声音，将精心设计的终场词有感情地表达出来，让观众如嚼橄榄，如饮醇醪。

总之，轻松明晰的表达，方能统摄全场。唠唠叨叨，喧宾夺主，只会令人反感；冗词赘语、故弄玄虚是主持人语言的大忌。

八、教师忌语与语言伦理

（一）教师忌语

让我们先来看一看下面这几个例子：

一位数学教师叫一名学生在黑板上演算。这个学生平时学习成绩差而且调皮捣蛋，老师对他很有意见。现在，看着他磨磨蹭蹭地走近黑板，然后站在那儿不知所措，教师气恼至极，指着他的脑袋说："我真想打开看看里面装的是脑浆还是大粪！下去吧！别站在这里丢人现眼！"这个学生以后再也不愿踏进教室。

有个学生上学时的成绩确实不敢恭维，为此，光是全校闻名的绰号就有三个：数学教师谓之"四季豆"（取"四季豆不进油盐"之意），物理老师谓之"绝缘脑袋"（即"神经短路"之意），化学老师呼之"惰性气体"（即"懒惰"之意）。初中毕业以后，他从学木匠开始，继而做泥瓦工，开拖拉机，开汽车，开服装店，现在是一家服装厂的老板。现在，他在当年的同学之中，也算是个叫得响的人物了，但同学们多次提出回校聚会，他都执意不回，说："我一想起学校就心律失常。"

你不会认为这些例子是杜撰的吧？它们确确实实发生在我们的周围，应时时刻刻引起我们的警惕。

语言文明是人类文明的一个方面。语言的文明礼貌，关系到一个民族的精神面貌和文化程度，关系到一个国家的尊严问题。在日常生活中，有很多语言禁忌，一般涉及死亡、性、生育、排泄等的词语，被认为粗俗或不雅，往往需禁忌。古代时直接称呼尊长之名被认为不敬，因此常要避讳。有的为图吉利，撑船的忌说"沉"，上山的忌说"蛇"，甚至连同那些谐声词语也在禁忌之列。连那个富于"精神胜利法"的阿 Q，也因为头上的癞疮疤而忌讳别人说"光""亮"等词语。

如今，各行各业都规定了"禁用语"，教师职业也应有教师忌语。对教师来说，任何污言秽语都是绝对不能出口的，那些庸俗鄙陋的话语也应在禁止之列。

教师和学生经常在一起，难免会遇到一些令人生气甚至无法忍受的事情。有的学生漠视校规，有的学生性情执拗，有的学生惹是生非。在这种情况下，优秀的教师，总能稳定自己的情绪，平心静气地和学生讲道理，耐心地教育学生；而有的教师，却按捺不住自己的怒气，面对学生的表现往往失去控制，大发雷霆，激动之下，一些不文明、不礼貌、甚至讽刺挖苦的话语，就脱口而出了。

这些话语非但不能解决任何问题，反而使学生在心灵上受到伤害，从而造成对教师的抵触情绪，这种情绪可能永远都无法抹去，有的学生甚至会因此而走上绝路。这是需要为师者引以为戒的。

那么，教师忌语包含怎样的语言呢？下面是从十个方面归纳搜集来的 50 条忌语。

1. 挖苦式

"反正大学录取通知书在你手里了，哪儿还用得着您老先生学呀？"
"你白吃了十几年饭，十足的造粪机器！"
"牛高马大，笨得还不如一头猪！"
"连牛都学会了，你怎么还不开窍？是木头脑袋还是花岗岩脑袋？"
"你呀，脸皮一丈厚，真不知道害臊！"
"看不出啊！你墨水不多，肚子里坏水却不少！"
"瞧你聪明的，怎么当不了爱因斯坦？"
"你做梦娶媳妇啦？"

这种令人听而生畏的讽刺挖苦的话语是对学生的羞辱，不仅造成教学秩序失控，而且严重刺伤学生的自尊心、伤害学生的心灵、破坏师生关系，很容易引起学生的记恨。这样的话语说得越多，学生也许越不在乎。

2. 记账式

"早晚跟你算账！等着瞧！"

"你这样做是第几次了？我这都给你记着呢，到时候咱们一起好好算算。"

"现在我不跟你生气，到最后看谁吃亏！"

"现在我不跟你啰唆，开家长会时再说吧。"

"毕业鉴定上会给你添一笔的。"

账，是记下了，可有几个学生会"买"这个"账"呢？学生只会在心里记恨教师，而决不会真正接受教师的忠告。这样的话语只能表现出教师的无能。无论是当事的学生还是其他的学生，都会打心眼里瞧不起你。

3. 威胁式

"我要是管不了你，我就不当这个教师了！"

"看到底是你说了算还是我说了算！"

"你到底想怎么样？这个学你还打算上不上？"

"看来我是没法管你了，你爸爸大概会有办法来对付你的。"

"你不听？好，难道去校长办公室，你也不怕？"

教师用这种威胁式，包括告状式的语言来恐吓学生，不仅不能持久地、有效地激发学生学习的主动性和积极性，而且会损害教师形象，降低教师威信，更重要的是造成学生心理的变态发展。

4. 定论式

"你呀,你考不上大学了!没戏!"

"我看你这辈子也就这样了!"

"无论如何,就是你的错。"

"我教了几十年的书,也没见过你这样的学生。"

"算了吧,赶早跟你爹回去种地吧,你爹省钱,我省唇舌!"

"我看你和×××(某个坏学生)一个样!终有一天要和他的下场相同!"

每个学生都有发展的潜力,教师千万不能一句话把学生看扁。幸亏童年时的爱因斯坦没有屈服于老师的一句定论——"这世界上再也找不出比这更蹩脚的小板凳了"。学生知道老师把他看死了,就会破罐子破摔,丧失前进的信心。

5. 挑拨式

"同学们,你们说说看,他这是什么行为?"

"这堂课叫他完全给搅乱了,大家说该怎么办?"

"你一个人占用我们大家1分钟,45个人加起来就是一节课,你赔得起吗?"

"你和咱班某某比比,看是不是差十万八千里?"

"大家想想,他和被开除的某某有什么两样?"

遇到麻烦,采用动员全班同学的力量来对付犯了错误的学生,实在是极为不高明的做法。这样做根本起不了作用,即使退一步说,就是其他学生对个别学生群起而攻之,又能有怎样的结果呢?

6. 驱逐式

"不想上课，就马上给我滚出去！"

"你不走，今天的课我就不上了。"

"你听不进去吗？好，你就站到门外，一直站到下课！"

"怎么，不想出去，还要等我抱？"

这种话语往往会产生什么样的后果呢？学生如果真的出去了，你又怎么办呢？教师有没有权利把学生"请"出教室呢？

7. 罢课式

"好吧，这课我上不了了。你们看着办吧。"

"好，既然你不让我上课，那你们班的课，我就不上了。"

"我走，这节课大家听他讲吧。"

"今天做不出这些题，就别指望我往下讲。"

事情也许并没有严重到这个地步，而且说出这样的话并不能真的实行，不过是逞一时之快而已。事实证明，用这种方法是无法达到教育目的的，压而不服，历来都是这样。

8. 居高式

"你怎么还不懂？好好听我的解释。"

"我是老师，怎么会说错？"

"你看你这副德行，像什么样子！"

"你们才高中一年级，这个问题当然搞不懂。"

"这本书太难读了，以你们现在的水平是无法理解的。"

这种教师爷的架势，自恃高明、居高临下、咄咄逼人的话，是很容易引起学生的厌恶和反感的。这样讲话，无形之中就在自己和学生之间挖了一道鸿沟，沟通和理解还从何谈起呢？

9. 粗话式

"真×××气人！"

"傻×！"

"看你就不是好东西！头上长疮，脚下流脓，一肚子坏水，坏透了！"

在课堂教学中，教师自始至终都是学生注意的中心，教师的每一句话都会不同程度地叩动着学生的心灵。美的语言和丑的语言对学生的影响是迥然不同的。鲁迅先生在《阿Q正传》中写了国骂"他妈的"，却是以批判的口吻来写的。

10. 吹嘘式

"我走过的桥比你们走过的路还多！"

"这倒不是吹的，我从小就博览群书。"

"××老师有什么本事，连大专文凭还没拿到呢！"

"校长昨天还在大会上批评某某老师呢！"

"昨天我去参加演讲比赛，那些老师根本就不是我的对手！"

有个别教师为树立自己的威信，有意无意地在讲台上吹嘘、炫耀自己，语言中也不乏贬低他人抬高自己的言辞，甚至讲些言过其实的空话、大话和假话，其结果必然会失去学生的尊重、信赖和爱戴，还会离间和破坏教师之间的正常关系，干扰正常的教学秩序。

读了上述这些令人脸红或生厌的语句，我们常会有挥之不去的感觉。选登的目的是让它们从教师的心中永远地消失。

辽宁省大连六中曾推行"一句话可能影响孩子一生"的活动，旨在建立和谐平等的师生关系。他们用规范用语代替教师忌语，比如用"我看你很有潜力，只要努力一定能学会"代替"我看你啥也学不会，没出息"；用"请同学们安静"代替"把嘴闭死"。此外，还用"教师寄语"代替"教师忌语"。比如"一次的失败，不代表最终的失败""试试就能行，拼拼就能赢""给你一个机会，还我一个奇迹"等等。

总之，教师是要塑造学生的灵魂的。而灵魂的塑造是与压制、恫吓、挖苦、威胁等手段完全绝缘的。只有挚爱、坦诚、宽容、体贴；只有动之以情、晓之以理、循循善诱、谆谆教诲，才是卓有成效的育人之道。

（二）语言伦理

著名教育学家叶圣陶先生曾强调："说话应该出于至诚，精于思想，合于伦理，工于表达。"所谓"教学伦理"，是指以现代道德哲学和现代教学论为视角，审视教学过程中的伦理现象，揭示其深刻的伦理内涵和师生所应该遵循的伦理规范。[1]教学伦理范畴中包括教师课堂中的各种行为的伦理性，教师的教学语言是教师课堂教学中主要运用的教学手段，自然不能例外。教学语言作为教师完成教学任务的重要手段，其伦理性的表现将直接影响学生的发展。

教学语言作为师生关系沟通的重要工具，传授的不仅是知识，而且传递着教师对学生的情感。学生主要通过教师的语言来感受教师对自己的关怀和尊重，从而决定自己对教师、对课堂的态度。在教学中，只有教师的语言充满诚挚的感情，才能让学生体会到课堂的温馨，也才能起到春风化雨的作用。因此，教学语言合于伦理，是创建和谐师生关系，构建和谐课堂的根本要求。

[1]　王凯. 国内教学伦理研究综述 [J]. 上海教育科研. 2007（8）：18-21.

教学语言的伦理性对教学效果的作用不甚明显，但在育人工作中其作用是不可忽视的。正是基于教学语言在课堂教学中的重要性和教学的教育性，教师必须重视教学语言的伦理性。只有做到了教学语言合于伦理，才能去追求语言艺术的完美，才能真正达到立德树人的教育目标。

教师语言具有无形的杀伤力，其产生的效果并不低于有形的外在体罚，对于心灵敏感而又脆弱的中小学生，有时会给他们带来很大的伤害。

在现实的教学评价中，人们为了追求教育效果，很少在课堂中对教师的言行进行伦理性的评价。也正是这一评价的缺失，使得教育真正的育人目标很难实现。网曝沈阳市某小学一位女老师29段骂学生的音频中，出现"臭不要脸"18处、"傻子"16处、"笨蛋"9处。记者采访这位老师时，她坦承："我还真没注意这事儿……最近一段时间工作压力大，对孩子要求都比较高，过分严厉了一些，我可能比较急躁，说话不太注意。对这，我比较抱歉，但是我也有孩子，将心比心，我对孩子没有敌意。"

表面看，问题出在教师说话时"急躁"和"没注意"上，但这"急躁"和"没注意"的背后，恰恰反映了教师对孩子人格的不尊重和对自我角色的定位偏差。老师总是习惯于对学生居高临下、训斥谩骂，忘却了自己的暴力语言会给孩子幼小心灵带来影响和伤害。教师总是有意无意地忘却了自己的角色身份对情绪的特殊要求，因而缺失了身为教师应有的认知、情感和身份认同，不知不觉地将自己与学生摆在同一个水准，许多时候甚至在理智上还不如学生。这些语言暴力的背后是教师语言伦理的缺失。

调查显示，学生年龄越小，语言暴力"受害"越厉害：16％的小学生、5％的初中生、2％的高中生表示经常受到教师的语言暴力。语言暴力现象在小学中主要集中在高年级。尽管现代社会学生的维权意识越来越强烈，但令人惊讶的是，72％的小学生、32％的初中生、52％的高中生认为自己可以接受老师的语言暴力。

教育语言伦理的缺失，会导致教师的"语言暴力"。

有的教师在教育教学活动中，对学生不信任、不尊重，持有怀疑或否定的态度，会通过语言贬低学生。这是教师语言暴力现象中较为常见而危害相对较小的一种，有人将之称为"贬低型"语言暴力。正因为它危害较小，所以常被人忽视。一般较为常见的语言有："你真的太笨了，什么都不会""你怎么这么笨啊，这么简单的都不会""每次都是你表现最差，你是班上最差的学生""谁都比你做得好"等。这种贬低型的"语言暴力"，严重挫伤学生的自信心，对学生的身心健康带来负面影响，破坏其学习兴趣，严重的会导致学生自暴自弃。

有的教师在教育教学活动中，会通过反语的方式来批评、刺激学生，有人称之为"讽刺型"语言暴力。这种语言潜在的危害非常大，对学生的伤害也较严重。有些教师在使用讽刺语言刺激学生时，是希望通过这样的方式唤醒学生的羞耻之心，使其从另一个角度认识自己的不足，从而发愤努力，奋起直追，但往往事与愿违，效果极差。一般较为常见的语言有："全班就数你最聪明""看看，你没有成为电影明星真是可惜了"等。

有的教师在教育教学活动中，会以语言恐吓的方式对学生进行教育和管理，有人称之为"恐吓型"语言暴力。学生年龄小、社会阅历浅，对很多事物和语言行为缺乏准确判断，缺乏安全感。有些教师就抓住学生的这个特点，想通过恐吓性的语言来达到教育目的，其实效果完全背道而驰。一般较为常见的语言有："我让你爸妈把你带回去好了，不让你读书了""我要把你留下来""再这样，我就把你请到政教主任那里去""你再这样，我让全班小朋友都不和你玩了"等。

有的教师在教育教学活动中，发现学生调皮、不听话时，会采用哀求的话语对学生进行教育，有人称其为"哀求型"语言暴力。一般常见的语言有："碰到你，算我倒霉好了""算我求求你了，我的小祖宗""我怕你了，行不行""我求求你了，让我省心点好不好"等。话语间表现出无奈和消极的心态。

这些语言暴力不符合教学语言伦理，严重破坏了教师形象，也影响了学生身心的健康发展。因为学生是一个个具有独立情感和自主思想的个人，学生个体的发展性是教育教学中面临的首要问题，教师语言作为完成教学任务的重要手段，其伦理性的表现将直接影响学生的发展。

上述所说只是教师语言伦理的一方面。另一方面，"在新课程改革的三维目标中，学生情感价值观被提到与学生知识、技能和学习过程同等重要的地位。对于情感价值观的教育，应重在让学生于潜移默化中体会情感，感知情意。而以往传统'填鸭式'和'满堂灌'的教学形式，完全忽视学生的情感，教师生硬地通过自己的语言表白形式，将教材中的某种价值观硬塞给学生，过程本身就不合乎伦理，其结果也更不可能合于伦理了。注意到教学伦理的教师在课堂上就会很少向学生灌输自己的思想意识，而是通过与学生真诚的互动和共享，让学生通过自己的情感体会，达到最终内化的效果"。[1]

比如，有的老师在教学中总是以自己的意志为中心，要求学生围着他转。一旦学生的发言不符合他的预期，他就会拼命把学生的发言纳入预设的思维轨道。当讲完一部分内容之后，他也不管学生有没有接受和消化，就按着自己的想法，一意孤行、按部就班地开始后一个环节教学内容的学习。新课程提出教师是"平等中的首席"，教师虽然是"首席"，但前提是平等。如果总是居高临下，对学生的感受不闻不问，强行将自己的意愿加到学生头上，那是谈不上平等，也谈不上教学伦理的。

要使得教师教育语言合于伦理，必须提高教师的道德觉察意识，增强教师的伦理敏感性、伦理判断力，调整教师的伦理动机，提高教师的伦理品性等。教师只有具备了强烈的道德敏感性，才能在日常的教学实践中觉察到教书育人的问题，也才有解决问题的可能。因此提高教师的道德敏感性，让其感受到自己不道德的教学语言，才能对其教学语言进行自我监控。

同时，教师要经常进行教学反思，自觉主动地对教育教学过程进行全面而深入地思考和总结。通过反思，一方面能提高自己的教学水平；另一方面，也对课堂中的语言进行回顾，对语言伦理问题进行反省，并在以后的教学中加以改进和提高。

要让自己的教学语言合乎伦理，教师必须保持健康平和的心态。如果教

---

[1] 周长喜，郑信军. 言语行为理论视域下合于伦理的教学语言 [J]. 科教导刊. 2013（3）：127-129.

师自身心理都存在着问题，又怎能让人期望他能正确对待学生？

　　一个道德修养高的教师，其言谈必然合于伦理。因此，身为教师，首先必须有清醒的角色认同，只有这样，才可能自觉地加强职业修养，增强语言伦理意识，慢慢拥有与教师职业身份相符的言行和举止。如果没有相应的角色认知，所谓"爱心"，所谓"职业道德"，都只能挂在嘴上。孔子说，"其身正，不令而行；其身不正，虽令不从"，从教师伦理的角度来说，教师必须明白自己的一言一行都会对学生产生巨大影响，因此，必须做到慎言慎行。

第四章

∙∙∙

修炼篇——成功并不神秘

教师的语言是传递信息的主要载体，是教师面向学生传授知识和培养能力的重要手段，不仅要富于知识性，还要富有极强的表现力。只有这样，才能为达到预期的教育教学效果提供保证。

成熟的教师要能够熟练地发准普通话的声母、韵母和声调，掌握语流音变的规律，具备一定的方音辩别能力。在实践中，教师要掌握正确的发声用气方法，科学用嗓，做到语音响亮、圆润、清晰、流畅、得体。在特定场合，教师要能正确运用朗读、朗诵以及演讲的技巧，根据情境需要，合理调控声音的高低强弱，恰当运用语气、语调、顿连、重音、节奏等技巧，伴随自然优美的体态语，从而使自己的教学语言不仅科学严谨，简明生动，而且还具有启发性和感染力。

优秀的教学语言清新自然，简洁流畅，起伏有致，如汩汩清泉滋润学生的心田，如清晨的阳光给学生的心灵洒下光明。但良好的教学语言不是来自天赋，也没有固定模式，而是通过教师自身勤奋学习，长期修炼得来的。它有如道家之道，佛家之禅，看似自然天成，背后却有着艰难的磨砺。龚自珍《夜坐》诗云"万一禅关砉然破，美人如玉剑如虹！"作为一名教师，语言这道禅关非破不可。

让我们做好充分的准备吧！

一、提高文化修养

语言是反映一个人文化修养的一面镜子。一个人学富五车，必然时常会冒出惊人妙语；一个人胸无点墨，则往往搜索枯肠而无言以对。在法国巴黎大学的博士论文答辩会上，主考官向陆侃如先生提问："在《孔雀东南飞》中，为什么不说孔雀西北飞？"陆先生接口答道："西北有高楼，上与浮云齐。"足见其丰厚的古文功力。

著述等身的著名学者王国维，七岁开始读各种古书，十六岁考中秀才，一时名闻遐迩，被誉为"海宁四才子"之一。后又东渡日本，几乎遍读西方社会学、哲学、逻辑学、心理学、伦理学、美学及文学著作，终至成为一个集东西方文化大成的著名学者。王国维根据自己一生的治学经历，借用宋代三位名家的词句，概括出治学的"三境界"——"昨夜西风凋碧树。独上高楼，望尽天涯路""衣带渐宽终不悔，为伊消得人憔悴""众里寻他千百度。蓦然回首，那人却在，灯火阑珊处"。诚然，因为王国维知识底蕴深厚，才能总括出这种可以传之后代的治学说；从另外一个角度而言，唯其王国维深厚的语言艺术功力，才能用这种概括而又形象的语言艺术，完美地表述自己的观点，展示自己的才华。

有人用"温柔敦厚、谑而不虐、谈言微中、发人深省"来评价梁实秋的散文，非常中肯。梁先生的散文何以能信笔拈来、妙趣横生、纵横捭阖、清丽流畅呢？梁先生幼年时打下了扎实的古文基础，有中国、美国的生活经验，并且精通英语，熟知西洋文化，是学贯中西、博览古今使然啊！记录孔子言行的《论语》、反映歌德思想的《歌德谈话录》之所以能对后世产生如此大的影响，决不只在于语言的表述，而更在于思想的深邃、学识的广博。

有的教师语言贫乏、干瘪无味，翻来覆去那几个词，总觉得意思没能充分表达，但又苦于找不到合适的言词。这种情况貌似语言问题，实质还是文化修养的问题。这些教师可能对要讲述的事情有一些认识，有一些了解，但只是囿于表面。因此，语言的表现力就很差。同时，教师的语言运用有高低之分、优劣之别、精粗之差、文野之异，这与语言的丰腴与贫乏也有着类似的原因。

其实，几乎所有的语言问题都和文化修养有关。如贾宝玉的书童把"食野之苹"听成"荷叶浮萍"；如有个外国学者把"一片冰心在玉壶"的"冰心"译成"一颗冰冷的心"。这不是文化修养问题，又能是什么呢？

一个论辩家要能在论辩中汪洋恣肆、纵横驰骋，除了要有娴熟的论辩技巧外，还一定要有雄厚的知识积累，只有广闻博见，才能在论辩中说古论今，旁征博引；同样，一个教师要在教学中信手拈来、游刃有余，除了要具备教学技巧外，还一定要能博采众长。只有满腹经纶，才能在讲课时妙语如珠，左右逢源，游刃有余，显出书生本色。良好的文化修养，是教师提高语言水平的精神宝库。知识浅薄、孤陋寡闻的人，是难以成为一名优秀教师的。

著名教授冯友兰说："一个教师讲一本教科书，最好的教师对这门课的知识，定须比教科书多许多倍，才能讲得头头是道，津津有味，信手拈来，皆成妙趣。如果他的知识和教科书一样多，讲来就难免结结巴巴，看来好像是不能畅所欲言，实际上他是没有什么可以言。如果他的知识少于教科书，他就只好照本宣科，在学生面前唱催眠曲了。"

每个人都有自己的"语料库"，里面存放着属于自己的全部语言材料：词汇、句型、语法、修辞等。如果库存贫乏，势必造成教学语言词汇贫乏，句式单一；如果库存丰富，那运用语言时势必得心应手，左右逢源。试想，如果一个语文教师这样来上课，那非把教室搅成一锅粥不可。"今天，我们要搞一篇新小说，先搞清结构，再搞清人物，最后搞懂环境和细节。现在，拿出书，在搞懂那些问题之前，先来搞词语。"

这位"搞"老师的动词词汇库存量贫乏得惊人，这样是"搞"不出任何名堂来的。而且"搞"这个字，在某些地方是含贬义的，如"瞎搞""搞鬼"等。另外，有些教师形容词、副词的词库里空空如也，不管讲什么问题只会用"很""十分""非常"这些词。有的教师则是句式句型贫乏，只会用陈述句和主谓句，偶尔用上一个问句，已算相当不错了，这样的教学言语必是单调死板的。

马卡连柯说："学生可以原谅教师的严厉、刻板，甚至吹毛求疵，但不能原谅教师的不学无术。"比如讲"蝙蝠是一种鸟""鲸鱼是一种鱼"，就不是由于语言的缺陷，而是文化修养的问题。

"问渠那得清如许，为有源头活水来"，广博深厚的文化知识是教师语言的"水之源""木之本"。教师是人类创造的精神财富的传播者，更要有意识地增强自己的文化底蕴，要广泛地学习，以文化知识的清泉来浇灌我们的园地。

（一）提高传统文化修养

中国传统文化，是中华文明演化而汇集成的一种反映民族特质和风貌的民族文化，是民族历史上各种思想文化、观念形态的总体表征；是指居住在中国地域内的中华民族及其祖先所创造的、为中华民族世世代代所继承发展的、具有鲜明民族特色的、历史悠久、内涵博大精深、传统优良的文化。简单来说，就是通过不同的文化形态来表示的各种民族文明、风俗、精神的总称。它包括古文、古诗、词语、乐曲、赋、民族音乐、民族戏剧、曲艺、国画、书法、对联、灯谜、射覆、酒令、歇后语、传统节日等。

中华优秀传统文化，是几千年文明所创造的宝贵财富，也是教育的"根"。如若教师的知识储备不足，教学中必然捉襟见肘。一个传统文化修养很高的教师肯定会受学生的欢迎，甚至成为学生崇拜的偶像，并且这种崇拜可以变成学生学习的强大动力。

教师对于一定时代、一个民族的文化传统具有丰富知识，就能准确地理解反映这一时代、这一民族生活的语汇的含义。反之，如果缺乏这方面的知识，就无法读懂反映这一时代、这一民族生活的作品。比如汉语中有许多成语，大多出自古代文献或文学作品，如果不了解这些成语的出处，不知晓典故的由来，就不可能准确、深刻地理解它们的含义，甚至会望文生义，闹出笑话。

如有位语文教师把"望洋兴叹"解释成"望着海洋叹息"，那真正是误人子弟啊！再比如"七月流火"，出于《诗经》，意思是阴历七月到了，火星西沉了，天气转凉了。可是有的教师却用来形容炎暑天气，"流火"成了"热浪好像流动的火"。此外，如"美轮美奂"，出于《礼记》，专指新房和各种建筑物的高大华美，却有不少教师用来赞美灯光、歌舞以至身材，而且写成了"美仑美奂"。

一位数学教师讲数列，巧妙地利用了《列子·汤问》中"愚公移山"的寓言故事。

其中河曲的智叟讥笑着阻止愚公说："你太不聪明了。凭你的余年剩下的力气，还不能毁掉山上的一根草，又能把泥土和石头怎么样？"北山愚公长叹一声说："你思想顽固，顽固到不能改变的地步，还不如寡妇和弱小的孩子。即使我死了，还有儿子在呀；儿子又生孙子，孙子又生儿子；儿子又有儿子，儿子又有孙子；子子孙孙没有穷尽的，可是山不会增加高度，为什么愁挖不平？"河曲智叟没有话来回答。

老师说：愚公回答智叟的话，不但表达了他移山的决心，而且提出了一个有趣的无穷数列，即他的子孙后代繁殖的数列。

设愚公的儿子，即第一代的人数为 a_1；

愚公的孙子，即第二代子孙的人数为 a_2；

孙子的儿子，即第三代子孙的人数为 a_3；

一般地，第 n 代子孙的人数为 a_n。

这样，我们就得到一个由正整数组成的无穷数列

a_1，a_2，a_3，a_n，（1）

这个数列描述了愚公子孙生殖繁衍的"无穷无尽"的状态。这个数列的每一项显然都与它前面的项有关，但这种关系不是确定的关系，而具有随机性质。可惜我们没有任何资料来确定（1）的具体数字。如果愚公的时代人们也自觉地计划生育，例如，一对夫妇只生两个孩子（假设愚公子孙们不能互相通婚），那么数列（1）就可成为递推数列：

$a_n + 1 = 2a_n$ （2）

如果愚公有 3 个儿女，即 $a_1 = 3$，就得到下面这个数列：

3，6，12，24，48，96，（3）

这个数列（3），就是一个满足 $a_n + 1 = 2a_n$ 的数列。

这样，把古代寓言故事和数学结合起来，既表现了教师的良好文化素养，又把课讲得灵活而生动，加深了学生的印象。

20 世纪 30 年代的山东省政府主席韩复榘是一个大草包，却要附庸风雅，卖弄斯文。他在齐鲁大学校庆大会上做的演讲简直是一派胡言，叫人啼笑

皆非。

诸位、各位、在座的：

今天是什么天气？今天是演讲的天气。开会的来齐了没有？看样子大概有五分之八啦，没来的举手吧！很好，都到齐了。你们来得很茂盛，鄙人实在很感冒。……那么都是文化人，都是大学生、中学生和洋学生，你们这些乌合之众是科学化的、化学化的，都懂七八国英文，兄弟我是老大粗，连中国英文也不懂，我真是鹤立鸡群了。……你们是从笔筒子里面钻出来的，兄弟我是从炮筒子里面出来的……

在"文化大革命"时期，有些领导不学无术，文化修养极差。

如某大报主编对群众讲话，竟然把"墨西哥"错念成"黑西哥"。听众大笑。主编还强词夺理："'墨'也是'黑'的，有什么可笑？你们真是'吹毛求屁'！"

这些故事都被当作笑话来讲，但相信它对有些教师还是有警醒作用的。

在国际大专狮城辩论赛中，复旦大学队在半决赛对悉尼队时，辩题是"艾滋病是医学问题还是社会问题"。为阐述单靠医学手段不能征服艾滋病这个"世纪恶魔"的观点，三辩在自由辩论中说道："在非洲许多地方，艾滋病已经造成了'千山鸟飞绝，万径人踪灭'，对方难道还要让医学这个'孤舟蓑笠翁'来'独钓寒江雪'吗？"辩手之所以能巧妙地进行语言转换，得益于他丰富的知识储备。

（二）提高现代科学文化修养

教师是人类文化和科学知识的传播者。人类在长期的社会实践中积累了丰富的生产和生活经验，创造了灿烂的科学文化，留下了宝贵的精神财富，包括科学文化知识、文学艺术以及社会科学等。人类在继承和发展前人所创造的知识财富过程中，正是教师不断地担负着承先启后的传递任务。他们将自己继承的东西无私地传给下一代，才使得人类文化得以延续和发展。

当今社会，科学文化进步日新月异，如何更好地向下一代传播科学文化知识及间接经验，教师的作用越显重要，对教师提高自身现代科学文化修养的要求也越来越高。因为学生对展现在他面前的知识海洋和神秘莫测的未知世界，充满着探求的欲望，而课堂是学生信息的主渠道，因此教师的作用显得尤其突出。如果一个教师具备现代意识、关心时事、了解社会、这样就能不断满足学生的求知欲望，教学语言会有充足的力量，从而充分发挥其应有的功效。

教师要紧跟时代，以严谨治学的态度，不断更换旧知识，探求新知识，掌握丰富的信息量，灵活调整自身的知识结构，努力提高现代科学文化的修养，以最大限度地满足学生的精神需求。如果一个教师的信息量很大，那他说话时对语词的选择性就大，内容就丰富，话语自然就会准确、流利、富有表现力。

同时，社会文化的不断变化，为语言提供了取之不尽的源泉，使语言得到了不断的丰富和完善，涌现出许多新词、新语、新句。

在高中物理的《激光》中，谈到了常见的激光笔、激光灯、激光 CD、激光刀、激光打印机等。在激光的应用中，谈到了激光测距、激光雷达、激光通信、激光存储、激光用于加工和医疗、激光核聚变、激光生物效应等。在《核裂变和裂变反应堆》中，介绍核裂变和链式反应，说明了核能能为人所用。还介绍了核反应堆的概念，介绍了慢中子反应堆和快中子反应堆。这就需要教师对激光和核反应堆等新科技的应用有一个比较全面且前卫的了解，才能把课讲得生动，让学生对激光的知识有一个比较透彻的了解。

随着时代的发展，"增长"的反义词不再是"降低"，而是"负增长"；"先进"的反义词不再是"落后"，而是"后进"；还有"打的""写字楼""买单"等广式语言正随着港台文化影响着我们的日常语言。"卡拉 OK""DVD""摩丝"等新一代外来语也充斥着日常语言的结构。

随着中国股市的发展，这一专业语言体系也迅速扩展进入到日常语言之中。如把"异性伴侣"称为"B股",把"升迁有希望的人"比为"绩优股",把"悲观的人生态度"喻为"做空",等等。

此外,像"该出手时就出手""把……进行到底""……是硬道理"等句子也改变着我们的日常语言。前些年出现的所谓"新新人类"的语言,如:"哇塞,这件T恤好Yeah,非常太空感,绝对电子味,上街炫一炫,帅呆啦!酷毙啦!嘻!"还有近几年出现的流行语,如"点赞""蛮拼的""海淘""基友""喜大普奔""囧""高富帅""土豪""萌萌哒"……都逐渐进入日常生活乃至学校生活之中。

语言是文化传播的最重要的工具,语言的构造具有一定的文化内涵。对这些新语词,教师应该有所了解,但语言的使用要遵循一定的规律,并不是所有的新词新句都要在教学语言中体现出来,有些词句是不适合在课堂上使用的,如"神马都是浮云""蛋疼""打酱油""碎一地"等一类。

不过,一些科技新名词,是教师需要掌握的。就以"纳米"这个词为例来说,如果一个教师连这个名称都没听说过,那显然是落伍于时代了,而有的教师已经把这个词恰当地运用到教学中。有位政治教师是这样来讲"纳米与质变"的:

诺贝尔物理学奖获得者、著名物理学家罗德尔说:"七十年代重视微米技术的国家能成为发达国家,现在重视纳米技术的国家将成为现代化国家。"纳米、纳米技术的兴起是当今材料科学的一场革命。纳米洗衣机、纳米冰箱电视广告铺天盖地而来,我们现代人在惊叹之余不免又增加了一些困惑,什么是纳米?它的功能是什么?这些问题都需要我们去学习去认识。运用哲学观点去学习分析纳米知识,无疑会给教学增加新的视点。

辩证唯物主义认为,事物是质与量的统一。事物的变化发展是由量变到质变循环往复以至无穷,使事物由低级向高级不断发展。质变有两种情形,一种是数量上的增减,引起质变;另一种是事物在总体上数量不变,只是由构成事物的成分在结构和排列次序上发生变化而引起质变。神奇的纳米正是后一种质变的具体表现……

（三）了解中外文化差异

文化背景的差异对语言交流的影响是巨大的。像"胸有成竹"这么简练、概括、寓意深刻的一个成语，如果译成外文，就成了"肚子里有一根棍"。有人说，"一个民族的语言总是在潜移默化中将它独特的有别于其他民族的感知方式、思维方式和思想情感渗透在人们的血液里，溶解在人们的心灵中，积淀在深层的心理结构之内。"[1] 此语极是！

浪漫的法国人按法国人的方式说话，保守的英国人按英国人的方式说话。美国人也说英语，却与英国人不同，而差异不仅仅在于发音。全人类创造的文化都应该择其精华而吸取。

英美文化推崇个人主义，强调个人独立精神，而汉文化提倡集体主义和奉献精神。有名外国记者采访刘晓庆时问："当今中国最优秀的演员是谁？"刘晓庆爽快地答道"我！"结果引来中国观众的广泛批评，其原因是认为她太狂妄自大了，太个人主义了。这是由我国特定的文化背景所决定的。梁实秋曾在《谈话的艺术》一文中有过这样的说法："英文的'我'字，是大写字母的 I，有人已嫌其夸张，如果谈起话来每句话都用'我'字开头，不更显着是自我本位了么？"

从交际文化看，中西文化差异颇多。如：

有一次，一个中国学生陪一个美国人去长城。在长城上，老外突然问那个学生。说："Excuse me, may I go Somewhere."（请问洗手间在哪儿）中国学生在学校里英语的句法学得相当不错，听力也挺棒的，马上听明白了老外的话，心想，长城都来了，哪儿不能去啊！于是说："Yes, you can go anywhere."（请随意）这一句话，差点把老外吓晕了。其实在这个特定的语言环境中，老外的"Somewhere"指的是厕所，而英语"娴熟"的中国学生

---

[1] 王尚文. 语感论 [M]. 上海：上海教育出版社，2000.

却让老外随地大小便。

这是典型的用中文思维来理解套用英语，从而造成了交际障碍。在中学英语教学中，要努力避免类似"chinglish"。又如：

在中国传统文化中，绿色有两重性，除了表示义侠外，还表示野恶。这是因为在人类初始时代以及其以后的漫长生活过程中人类借助绿色保护自己，赖以生存下来；但同时，绿色也保护着人类的天敌及其他猛残的食人动物。这样一来，义侠是正义的，如人们泛指聚集山林、劫富济贫的人为"绿林好汉"；野恶是邪恶，所以，旧时"绿林"也指占山为王、拦路抢劫、骚扰百姓的盗匪；绿色还象征着低贱，如汉朝时的仆役着绿帻，元朝以后凡娼妓都得着绿头巾，以示地位低下，因妻子有外遇而使丈夫脸上无光，低人一等，叫给丈夫戴"绿帽子"。而在西方文化中，绿色（green）象征意义跟青绿的草木颜色有很大的联系，是植物的生命色。阿思海姆说："绿色唤起自然的爽快的想法。"它不仅象征着青春、活力，如（1）in the green wood 在青春旺盛的年代，（2）in the green 血气方刚，而且表示新鲜，如（1）green recollection 记忆犹新，（2）keep the memory green 永远不忘，但是它也表示幼稚、没有经验，如（1）a green hand 生手，（2）as green as grass 幼稚。它也象征妒忌，如（1）the green-eyed monster 妒忌，（2）green with envy 充满妒嫉等。

一位数学老师在给学生讲数学中的传统文化时，把欧几里得的名著《几何原本》和中国的《九章算术》进行了比较，说：

古希腊数学的经典之作是欧几里得的名著《几何原本》。亚历山大前期大数学家欧几里得完成了具有划时代意义的工作——把以实验和观察而建立起来的经验科学，过渡为演绎的科学，把逻辑证明系统地引入数学中，欧几里得在《几何原本》中所采用公理、定理都是经过细致斟酌、筛选而成，并按照严谨的科学体系进行内容的编排，使之系统化、理论化，超过他以前的所有著作。《几何原本》分十三篇。含有 467 个命题。

《几何原本》对世界数学的贡献主要是：建立了公理体系；把逻辑证明系统地引入数学中；示范地规定了几何证明的方法。它精辟地总结了人类长时期积累的数学成就，建工了数学的科学体系。为后世继续学习和研究数学提供了课题和资料，使几何学的发展充满了活的生机。两千年来，一直被公认为初等数学的基础教材。

而中国的经典之作是《九章算术》。不同的是，《九章算术》并不是一人一时写成，是几代人共同劳动的结晶。此书大约成书于东汉初年（公元一世纪）。《九章算术》采用问题集形式。全书分为九章，列举了 246 个数学问题，并在若干问题之后，叙述这类问题的解题方法。

《九章算术》对世界数学的贡献主要有：开方术、方程理论、引入负数。它系统地总结了西周至秦汉时期我国数学的重大成就，是中国数学体系形成的重要标志，其内容丰富多彩，反映了我国古代高度发展的数学。

结论：《九章算术》和《几何原本》同为世界最重要的数学经典。《九章算术》以其实用、算法性称誉世界，《几何原本》以其逻辑演绎的思想方法风靡整个科学界。二者是互相补充的，并非一个掩盖另一个。

老师的对比分析，使学生明白了《九章算术》和《几何原本》这两本世界数学经典的异同，拓宽了他们的知识视野，激发了他们学习数学的兴趣。

二、提高思维品质

数学家华罗庚有一种非常奇特的读书方法。他在灯下拿起一本书，不是从头至尾一字一句地读，而是对着书名思考片刻，然后熄灯躺在床上，闭目静思。他设想，这样一个题目如果到了自己手里，应该分作几章几节。……想完后打开书，如果作者写的和他的思路一样，他就不再读了。一本本来需要十天半月才能读完的书，他一夜两夜就读完了。

华罗庚养成的这种"想书"的习惯，实际上也是一种"读书"的习惯。它和我们通常的朗诵所不同的，只是它使用的是内部语言（没有说出声来的语言），而朗诵使用的是外部语言（说出声来的语言）。语言不仅是交际工具，也是一种必不可少的思维工具。

苏联语言学家波罗夫斯基，曾经把钢针状的电极嵌入被试者的舌头或下唇的肌肉里，并且要求被试者分别用口算、心算做同一道简单的算术题。结果在两种情况下，言语器官动作的电流记录完全相同。语言是思维的外壳，思维是语言的内核。语言表达的过程实际上就是把思维的结果表述出来的过程。

特级教师于漪老师指出："思想、情感、语言是同时发生的。语言不仅仅翻译思想，不仅仅是载体，而就是意识、思维、心灵人格的组成部分。"[1]一个人对语言这一思维工具掌握的数量越多，程度越深，他的思维能力就越强。比如，一般人们写文章只用 3000 常用词，而古今中外一些杰出大文豪的作品中出现的用字量远远超过这个数目。被人们称为"诗圣"的杜甫，一生留下近千首诗，却鲜有重复的词句。另有人统计过，莎士比亚在文章中使用了 15000 个词。此外，像马克思、列宁、毛泽东等很多伟人，他们的语言造诣都是极为高超的，思想也是极为深邃的。

当然，知识丰富的人并不都善于表达，因为从"慧于心"到"秀于口"还有一个从思维到表达的"加工"过程。在这个过程中，人的思维是处于不稳定的运动状态的，而对于这种思维的适应性，人们各有差异。有些聪慧而且知识丰富的人，在许多场合只能"知"其然而不能"表"其然了。但这种"心乖于内，口拙于外"的语言障碍现象，只存在于一小部分人身上。教师不能因此而找到借口，并时时来一个"妙不可言"加以搪塞。

翻译家们在翻译过程中常有"语言的痛苦"的感叹。其实，这种"语言的痛苦"不仅存在于翻译过程中，教师有时在表述自己的思想时，也常会遇

---

[1] 孟彩. 沉浸在文本的语言里 [J]. 江西教育，2011 (17)：31-33.

到这样的痛苦。因为对问题的思考是个人化的行为，但教师必须把自己思考的结果，以每个学生都能听懂的最公众化的语言表述出来。况且，人的思维是立体、多维的，而语言的表达却是一句连一句的，是"一维"的。教师必须克服"语言的痛苦"，用各种巧妙的方式，各种形象化的语言，来表达出"妙不可言"的事物，做到"妙而可言"，从而使学生充分接受自己的思想。

"20年前，我去听一位教师的课，观察孩子们怎样感知新教材的讲解。我发现，孩子们听后很疲劳，下课时简直是精疲力竭了。我开始仔细听教师的语言，大为吃惊。教师的语言那么混乱，没有逻辑顺序，他讲的教材的意思是那么模糊不清，以至于第一次感知这个或那个概念的儿童，不得不用全部气力，才能听懂一点点东西。"苏霍姆林斯基批评的教师为什么会"语言混乱"呢？其深层原因还是因为思维混乱。

教学过程中思维品质的高低，很大程度上制约着教学语言的质量。德国教育家第斯多惠认为教师首先应具备娴熟的语言表达能力，"凡是会想不会表达，主要是思想不清"。不同的思维方法，对于不同的行为目标，具有不同的指导作用。比如，一个只能运用单线思维方式的教师，在其确定教学的行为目标时，就只会有一个指向、一个角度、一个线索和一个结果，就会在教学上陷入片面性的泥淖之中，并最终导致教学的失败。

要想成为一名出色的教师，除了应当具备深厚的理论功底、高超的学识、智慧的头脑和新颖的见解之外，还需努力提高自身的思维品质。

思维品质实质是人的思维的个性特征。思维品质反映了每个个体智力或思维水平的差异，包括条理性、开阔性、敏捷性、辩证性、求异性、批评性、创新性等许多方面，下文仅围绕和教师教育教学语言表达最紧密的条理性、开阔性、敏捷性三点展开。

（一）提高思维的条理性

条理性是思维品质最基本的要求。思路清晰，说话就条理清楚，有板有眼，否则就会语无伦次，前言不搭后语。因为语言的轨迹也就是思维的轨迹，思维轨迹清晰不乱，语言也就有条不紊。一名好教师，不管是讲授知识，还是与学生谈话，目的、步骤、前因后果，脑子里都一清二楚。反之，如果思路混乱，语言就会东一榔头西一锤子，学生听了就会如坠五里雾中。

如数学教师在教学过程中，需要对事物进行观察、比较、分析、综合、抽象和概括，通过归纳、演绎、类比等推理方法，对自己的数学思想方法进行阐述，体现出思维的条理性。要洞察数学对象的本质属性与相互联系，捕捉矛盾的特殊性，从研究材料中揭示隐藏的特殊情况，并发现最有价值的因素，迅速确定解题策略和各种方法、模式等。为达到教学目的，在教学中应抓住以下几个过程：先对各种数学材料进行整理概括；接着，对有关数学概念背景、内涵、外延认识进行深化；再对具体数量关系与空间形式进行抽象；再对各类定理、公式的地位、作用加以应用；最后对基本的数学观点与方法进行总结。

这样，在教师富有条理的逻辑推进中，可通过宏观构思、单元设计、微观铺垫、环环紧扣，以精选范例，开展读、议、讲、练活动，并采取编制开放性题目等方式加以训练，就会收到理想的教学效果。

当年复旦大学参赛队在首届国际大专辩论赛上一举夺魁。究其原因，他们思路清晰，言辞犀利。让我们看看教练和队员们是怎样就"人性本恶"这个辩题理清思路的：

一辩：我方的立场是"人性本恶"：

（1）人性由自然属性与社会属性组成；

（2）"人性本恶"指人性本来的、先天的就是恶的；

（3）我们这个世界并未在人欲横流中毁灭，因为人有理性，可以通过后天教化加以改造。

二辩：我方认为"人性本恶"基于如下理由：

（1）"人性本恶"是古往今来人类理性认识的结晶；

（2）"人性本恶"是日常生活一再向我们显示的道理；

（3）人有判断是非的理性，能扬善弃恶。

三辩：下面从历史与现实的层面进一步阐述我方观点：

（1）人类诞生之初，本恶的人性充分显示出来了；

（2）"人性本恶"，所以教化才显得重要，也相当艰巨；

（3）人类社会的演进过程是虚假的虚荣被剥去的过程。

四辩："抑恶扬善"是我方确立立场的根本出发点：

（1）只有认识"人性本恶"才能正视历史和现实；

（2）只有认识"人性本恶"才能重视道德法律的教化作用；

（3）只有认识"人性本恶"才能调动一切社会教化手段，扬善避恶。

正因为队员们头脑中思路清晰，有条有理，才能在辩论场上旁征博引，唇枪舌战，叱咤风云。整个辩论粗粗听来恍似天马行空，实则由主旨统率，思路清晰。

要使思维富于条理性，教师可在教育教学过程中适时地留下一些"思维路标"。比如用上"首先""其次""总之""由此可见"等插入语，也可用上如"因为""所以""虽然""但是"等关联词语。有时，适度地重复词语，如："什么样的学生才是好学生呢？好学生是……；好学生是……。"或者，重提称代，如："……华东师范大学国际与比较教育研究所的教授来给我们讲课。这位教授……。"

（二）提高思维的开阔性

又说到那个山东军阀韩复榘，他说话没有章法，常常离题万里。举个例子：

今天，我们去修路。什么叫路呢？路就是人走的地方。带什么工具呢？带铁锹。什么叫铁锹呢？铁锹就是圆形的有木把的铁片。铁片是哪来的？铁匠打出来的。你们中有没有铁匠？有的话就站出来，让我看看铁匠的模样。

如此思维称得上"开阔"，但这种"开阔"的效果是可想而知的。思维的开阔性应建立在条理性之上。在教学教育活动过程中，要做到口若悬河、纵横捭阖、左右逢源，除了具备渊博的知识外，还必须有开阔的思维，要能全面地、辩证地看问题，要富于联想，善于想象。不然老是重复那几个观点，总是套用别人的话，那正如"吃别人嚼过的馍——没味道"。

新课改以来，上海很多中小学都开展了"研究性学习"，教师"满堂灌"、学生死记硬背的传统教学方式正在被突破，这是一件令人拍掌称快的大好事。那么，在观念和制度上，"研究性学习"将会使我国的教育面临一些什么样的问题呢？

有位教师从几个方面来谈这个问题：

（1）研究性学习是"正常"的还是"不正常"的？
（2）研究性学习采用什么评价标准？
（3）研究性学习该选择什么样的课题？

这几个问题之间是有联系的，但每个问题又都有其独立性，可见这位教师的思维既具"条理"，又备"开阔"。在谈第（3）个问题时，他还说道：

不同年龄段的学生应该有和他们的思维及知识水准相适应的研究课题，要珍视他们的胡思乱想，他为什么不可以设计人类的月球家园呢？他能不能琢磨一下怎样从太阳上毫发无损地归来呢？他能不能批评一个名作家？能不能对某个历史时间或历史人物有自己的臧否？

若没有广阔的思维，这位教师又怎么能提得出这些问题呢？

有位语文教师在带领学生学习了《甲申三百年祭》后，组织学生写《李自成起义失败的启示》的作文。在最后的总结分析中，他进行了多方面的分析，从中得到启示：

①进京后，将士贪图享乐、斗志松懈，得出生于忧患、死于安乐的启示；②对吴三桂策略及收复河南州县方针的失误，得出要取得斗争胜利，必须识

大体、顾大局的启示；③领导集团内部各自为政、李自成指挥失灵，得出团结才有力量的启示；④进京后，没有组织力量全歼官军、扫除后患的错误，得出行百里者半九十的启示。

这样综合运用材料，全面、深入地分析问题，表现出较强的思维开阔性。

如讲完了《米洛斯的维纳斯》，围绕"美"的话题，一位老师总结道：

历史长河中，人类从未间断过对美的追求。从山顶洞人披着的兽皮到现代人身上的时装；从楚宫流行的细腰到唐朝高耸的发髻；从往日招摇的"迷你裙"到今日满街的天然色……美，是人们对个性的追求与思索。

这种跨越时空的联系，开拓了学生的视野，也培养了学生思维的广阔性。

（三）提高思维的敏捷性

在亚洲大专辩论赛中，还有一场关于艾滋病的辩论。正方悉尼队提出输血可以传染艾滋病毒，如果是一个婴儿传染了病毒，也要对他进行性安全教育吗？反方复旦队严嘉反应非常敏捷，马上反驳道："至于说到小女孩，当然我们不要对她进行性安全的教育，但是对她母亲当然要教育，这样才能防止艾滋病的母婴传染啊！"可谓一针之下，见血封喉，场上掌声雷动。

我国古代有这么一则故事：

司马昭与阮籍有一次同上早朝，忽然有侍者前来报告："有人杀死了母亲！"放浪不羁的阮籍不假思索便说："杀父亲也就罢了，怎么能杀母亲呢？"此言一出，满朝文武大哗，认为他"抵牾孝道"。阮籍也意识到自己言语的失误，忙解释说："我的意思是说，禽兽才知其母而不知其父。杀父就如同禽兽一般；杀母呢？就连禽兽也不如了。"一席话，竟使众人无可辩驳，从而使阮籍避免了杀身之祸。

其实，阮籍在失口之后，只是使用了一个比喻，就暗中更换了题旨，然后借题发挥一番，就巧妙地平息了众怒。这与他敏捷的思维是分不开的。

思维的敏捷性主要是指能够根据客观事物的发展与变化，及时调整思路，改变已有的思维过程，寻找新的解决问题的方法。它主要表现为能够缩短运算环节和推理过程，而这有赖于在正确前提下的速度训练。经过练习，从中总结经验，进而概括出规律，并通过应用而达到熟练程度，进而产生思维的敏捷性。

在教育教学过程中，有时教师会发现自己有些语言啰唆重复，这就是因为思维来不及反应，不够敏捷、不够活跃而造成的。语言训练有素的教师，虽然语速慢但并不会中断，说的话虽然有停顿、有断续，但话题依然是同一的、连贯的。而一些语言训练差的教师，就可能在停顿与等待中，失去了同一的话题，发生语义不连贯的现象。

这就需要训练思维的速度。比如，让学生就某篇课文质疑，学生提出一二十个问题，教师立刻储存在脑子里，并试图立刻加以分类处理，如哪些问题须当堂议论解决，哪些可放到课后；哪些是重点讨论的，哪些作一般性处理；哪些以教师为主进行处理，哪些可放手由学生处理等等。经常训练，思维的敏捷度就会得到提高。

有了思维的敏捷性，在处理和解决问题的过程中就能根据具体情况进行积极思考，正确作出判断并迅速做出选择。这也要求人的认知结构系统化、结构化，具有清晰性、稳定性和可利用性，一旦需要便能迅速而正确地进行检索和提取。

三、提高心理素质

(一) 克服心理障碍

说话是个复杂的心理和生理过程。一个教师是否具备健全的心理素质，是否能够克服自身的心理障碍，是否懂得心理沟通的方法，与教学语言的成功与否密不可分。

戴尔·卡耐基在《挑战人性的弱点》一书中指出："言语乏味是人格生病的一种症状，也是人格不再成长的一种现象。它可以显示出说话的人缺乏智性、想象力和对人的敏感性，而这些特性都是完成健全人格、能对别人有正常反应所不可或缺的重要因素。"

一般说来，年纪轻的教师和性格较为内向的教师登上讲台，容易产生胆怯、紧张、慌乱的情绪。一紧张一慌乱，便六神无主，不知所措，思维紊乱。思维一旦不能正常运行，语言便不受支配。这时有的教师面红耳赤，呼吸急促，心跳加快；有的教师手腿发抖，大汗淋漓，战战兢兢。

这样，教学语言便出现种种混乱：或结结巴巴，出现口吃，语流极为不畅；或语无伦次，表情僵硬，下意识地说话；或喃喃自语，唧唧哼哼，甚至张口结舌。更甚者，是几种情况兼而有之，让人听了耳中生棘，如坐针毡。在"怕"字当头的情况下，既不可能准确地传递信息，又不可能恰当地表达情感。

其实，出现不同程度的紧张与慌乱，也是正常情况。它与表现欲望同时而生，相伴而行，只是有经验的教师能够自如地加以控制。我们看到有的教师上课显得非常轻松，既不紧张，又不烦躁，心境如秋日的草原，如雨后的天空，讲课如和朋友聊天，如和儿女闲话，亲切温和、畅快轻松。这时的教学语言必是出言有方，开口有味，一语既出，满座称妙。

但如果紧张与慌乱经常出现，以至于影响教学，那就需要找出心理原因，并通过有的放矢的训练加以克服。古语云：狭路相逢勇者胜，在教学中，教师应战胜胆怯，才能临危不惧、处变不惊、从容不迫。

有些教师虽然有强烈的上好课的欲望，但不敢大大方方地与学生交往，常常会生出许多担心。比如学生是否能接受我准备好的讲课内容？如果上课时出现意想不到的问题该怎么办？这样的教师在课堂上，往往还未开口，就情不自禁地手足无措起来，即使开口，也是反应迟钝、谈吐木讷，甚至语无伦次、不知所云。如此反复，便逐渐强化了他们的自卑心理。

自卑的本质是自我意识的弱化。自卑的人只是一味地看到自己的弱点，而看不到自己的长处，整个心理状态是消极的，它使人离群索居，孤立苦闷。过分自卑的人或嫉妒沮丧，或易暴易怒，或自欺欺人，具有这种心理的教师，是难以成为一个好教师的。

一个优秀教师必是充满了自信的。自信是意志和力量的体现，是人们对自我认识感到满意的心理倾向。有了对自己才智的充分认可，具备了深厚的专业知识功底，并在每堂课前对所讲知识烂熟于心，融会贯通，就能充满自信地走上讲台，处变不惊，机敏风趣，妙语解窘，侃侃而谈。否则只是色厉内荏，虚张声势而已。

与自卑心理相反的是自傲心理。表现出自傲心理的人，通常有较好的语言基础，有一定的语言表达能力，但是过高地估价了自己的能力，常常自我感觉良好。这样的教师，常喜欢一个人在讲台前高谈阔论、滔滔不绝、口若悬河，以至于讲得天花乱坠，根本不顾学生的情绪。

自傲是建筑在以自我为中心的基础上的，它是一种超现实的自我评价与自我态度，它使人因孤傲而无法合群。这样的教师，学生是不敢轻易接近的，师生关系就难以协调，这对课堂教学极为有害。而自尊是建筑在客观实际的基础上，它是一种正确的自我评价与自我态度，建立在自信的前提之下。它能满足肯定自我形象与维护自我威信的心理需求，与自傲截然不同。

有自尊感的教师勇于发表自己的看法，敢于负责，但对自己估计不会过高，他们会看到教学工作的艰巨性，因而不会盲目乐观，不会不切实际地对自己提出什么"高标准""严要求"，不会眼高手低，心气太盛，他们懂得欲速则不达。所以，他们会在"战略"上藐视它，又在"战术"上重视它，事先对讲授内容加以精心整理，使之中心明确，条理清楚，这样的讲课，或言辞犀利，跌宕纵横；或严密精谨，滴水不漏。

（二）训练心理素质

克服教学中的胆怯、自卑和自傲等心理障碍，根本在于正确地认识和估价自己。同时，要通过积极的自我暗示等，进行有意识的实践与训练，逐步形成良好的心理素质。很多语言学大师都是通过后天的训练才走向成功的。

英国戏剧大师、批评家、社会活动家萧伯纳的口才是有口皆碑的。但是，他年轻时却胆小木讷，连拜访朋友都不敢敲门。后来他鼓起勇气参加了一个"辩论学会"，不放过一切机会同对手争辩。练胆量、练机智、练语言，千锤百炼终成口才家。他的演说，他的妙对，至今仍脍炙人口。当有人问及他如何练口才，他说："我是以自己学溜冰的办法来做的——我固执地、一味地让自己出丑，到我习以为常。"

20世纪80年代，在演说圈内外，曲啸的名字不胫而走。曲教授以"心底无私天地宽""人生的价值"等30多个讲题，奔走于国内外，做了一千多次演讲。当有人盛赞他是"天生的好口才"时，他笑了："哪里来的天才？我小时候，性格内向，说话还口吃，越急越结巴，有时涨得脸通红也说不出话来……"殊不知，曲啸为了训练心理素质，常在清晨迎着寒风，跑到沙滩上高声背诵高尔基的散文诗《海燕》。他不放过一切"说"的机会，积极参加演讲赛、辩论赛、话剧演出，终于崭露头角。在一次"奥斯特洛夫斯基诞辰纪念会"上，他手拿一份简要提纲，竟然作了整整两个小时的精彩演讲，全场掌声雷动。

心理训练的关键在于根据造成心理障碍的原因，有针对性地选择训练方法。如果是由于自我分析不当，期望值过高而形成自卑，一般可采用自我心理暗示法，有意识地做自我心理调节；如果是因为性格内向、不爱或不善讲话而引起的胆怯，则可以采用强化训练法，在实践中加以提高。

下面介绍几种常见的、较为有效的心理训练方法。

1. 生理法

呼吸法和气功法是两种常见的从生理上来训练心理素质的方法。

呼吸法要求上台前做几次深呼吸，先深深地吸一口气，再慢慢地从鼻腔里呼出，反复多次，几分钟后可以抑制狂跳的心脏，使呼吸与心跳趋于正常，从而减缓血液流动，起到抑制紧张情绪的作用。

气功法要求上台前，双眼微闭，徐徐地吐气吸气，而后让意守丹田，再徐徐吸气吐气，让气在体内慢慢运行，从头到脚，意随气行。这样做，同样可抑制心跳，并减少肾上腺素分泌，起到舒缓情绪的作用。

2. 照镜法

平时有机会时，可站在镜子前，看着自己的眼睛，边想边说：现在，我应该用柔和的目光去与学生交流："大家看，这篇文章写得极为优美……"现在，我应该用乞求的目光去征询学生的意见："你们听懂了吗?"现在，我应该用坚定的目光去告诉学生："对中国，我抱有信心!"

如果你要去外校参加一次演讲，你同样应该先对着镜子，先修饰一下自己的容貌，然后自信地凝视着自己的形象，接着大声对自己说几遍：我今天一定能成功! 最后精神抖擞地跨出家门。

这种做法似乎可笑，其实是一种很有效的自我暗示，自我肯定的潜意识会帮助人克服自卑与胆怯，变得自信。

3. 话题法

经常选择一些带有暗示性和激励性的话题，如"战胜怯懦，走向成功""我已消除了怯场心理""我喜欢，我可以"等，先在小组内与三五知己围桌而坐，侃侃而谈；然后在较大的范围内，先坐着说，再起立说。若能坚持不懈，相信一段时间以后，一定能在教室里、会场上从容讲话。

4. 藐视法

如果在演讲或其他比赛中发现有强大的对手，千万不要盲目自卑："我的普通话没他好，我的风度不及他，我肯定比不过他!"而应该这样在心里对自己说："他能这样绝不是一朝一夕形成的，也许他的基础还没我好呢。马克思不是说过，'你所以感到别人伟大而高不可攀，只因为自己跪着。'如果我站起来，绝不比别人矮半截。"这会是一种很有效的心理暗示。

比赛开始，上台后不要急着开口，应先扫视全场，待静场以后再开讲。在开讲后，不要太注意听众的反应，把听众看作什么也不懂的孩子。这样，有利于放松自己，以克服紧张慌乱。当自己镇静下来后，再去注意听众的反应，做出相应的调整。

在国际辩论赛中两次夺魁的复旦大学队王沪宁教授说："当你面向对手时，你要觉得自己对这个题目全知全能，而对方是无知的，你不是在和他辩论，而是在教他。如果他反驳，那是说明他没听懂，你可以再教他一遍。记住你始终是老师，而他是学生。"斯言中肯。

5. 比较法

有自卑与自傲心理的人应采用两种不同的比较法，以克服自身的心理障碍。

自卑者要找出自己的长处同对方的短处比："天生我材必有用""我并非一无是处，只要扬长补短，我定能比他好"。自傲者则要找出自己的短处，来同别人的长处比："这方面我不如他，那方面我不如她，有什么值得骄傲的呢"。

除上面五种方法外，还有很多途径可以帮助教师克服心理障碍，提高心理素质。比如，提前进入教室或会场，以熟悉环境；事先熟悉对象，同听者交谈，消除陌生感；慢慢喝水，慢慢咽下，来稳定情绪；专心致志，排除干扰，集中思想考虑所讲内容……

如果某些心理障碍一时不能很快克服，也不必急躁，可以通过渐进训练的方法。不妨从容易的事做起，不放过任何一次训练的机会，在实践中逐渐增强自信。比如，第一次教学不成功，可以先从讲一段话开始练起；与校长交谈太拘束，可以先跟办公室同事进行交谈；与性格内向的家长交往不成功，可以先从与性格外向的家长交往开始；等等。